和谐校园文化建设读本

论学校管理

崔 莹 张文静/编著

吉林教育出版社

图书在版编目(CIP)数据

论学校管理 / 崔莹,张文静编著. — 长春:吉林
教育出版社,2012.6(2022.10重印)
(和谐校园文化建设读本)
ISBN 978-7-5383-8986-9

Ⅰ. ①论… Ⅱ. ①崔… ②张… Ⅲ. ①学校管理-研
究 Ⅳ. ①G47

中国版本图书馆 CIP 数据核字(2012)第 116099 号

论学校管理
LUN XUEXIAO GUANLI   崔 莹 张文静 编著

策划编辑 刘 军   潘宏竹
责任编辑 张 瑜   **装帧设计** 王洪义
出版 吉林教育出版社(长春市同志街 1991 号 邮编 130021)
发行 吉林教育出版社
印刷 北京一鑫印务有限责任公司
开本 710 毫米×1000 毫米 1/16   **印张** 13   **字数** 165 千字
版次 2012 年 6 月第 1 版   **印次** 2022 年 10 月第 3 次印刷
书号 ISBN 978-7-5383-8986-9
定价 39.80 元

编　委　会

主　　编：王世斌

执行主编：王保华

编委会成员：尹英俊　尹曾花　付晓霞
　　　　　　刘　军　刘桂琴　刘　静
　　　　　　张　瑜　庞　博　姜　磊
　　　　　　潘宏竹
　　　　　　（按姓氏笔画排序）

总 序

千秋基业，教育为本；源浚流畅，本固枝荣。

什么是校园文化？所谓"文化"是人类所创造的精神财富的总和，如文学、艺术、教育、科学等。而"校园文化"是人类所创造的一切精神财富在校园中的集中体现。"和谐校园文化建设"，贵在和谐，重在建设。

建设和谐的校园文化，就是要改变僵化死板的教学模式，要引导学生走出教室，走进自然，了解社会，感悟人生，逐步读懂人生、自然、社会这三本大书。

深化教育改革，加快教育发展，构建和谐校园文化，"路漫漫其修远兮"，奋斗正未有穷期。和谐校园文化建设的研究课题重大，意义重要，内涵丰富，是教育工作的一个永恒主题。和谐校园文化建设的实施方向正确，重点突出，是教育思想的根本转变和教育运行机制的全面更新。

我们出版的这套《和谐校园文化建设读本》，既有理论上的阐释，又有实践中的总结；既有学科领域的有益探索，又有教学管理方面的经验提炼；既有声情并茂的童年感悟；又有惟妙惟肖的机智幽默；既有古代哲人的至理名言，又有现代大师的谆谆教诲；既有自然科学各个领域的有趣知识；又有社会科学各个方面的启迪与感悟。笔触所及，涵盖了家庭教育、学校教育和社会教育的各个侧面以及教育教学工作的各个环节，全书立意深邃，观念新异，内容翔实，切合实际。

我们深信：广大中小学师生经过不平凡的奋斗历程，必将沐浴着时代的春风，吸吮着改革的甘露，认真地总结过去，正确地审视现在，科学地规划未来，以崭新的姿态向和谐校园文化建设的更高目标迈进。

让和谐校园文化之花灿然怒放！

本书编委会

目录

第一章　学校管理概述

学校管理，有广义和狭义之分。广义的学校管理包括教育行政部门对学校的管理和学校自身的内部管理。前者称为宏观的学校管理，后者即微观的学校管理。狭义的学校管理即学校对自身的微观管理。

人类自有了学校，就有了学校管理，学校管理与学校教育相伴始终。学校管理不是学校教育水平低下的产物，而是学校教育追求高效率的要求。社会发展进入今天的时代，各方面对学校的影响越来越大，学校工作越来越复杂，学校管理的作用也越来越重要。

第一节　学校的管理与教育

一、基本概念

随着近现代生产和社会的发展，管理活动成为人们研究的一个重要课题。许多研究管理活动的学者，都从不同的角度去阐明自己对管理的理解。

在西方，古典管理学派认为："管理就是实行计划、组织、指挥、协调和控制。"

现代管理科学的决策理论学派的代表人物西蒙则认为"管理就是决策"，可以把"决策制定当作管理工作的同义语"。

苏联学者阿法纳西耶夫在其所著《社会主义生产管理理论与实际问题》一书中认为："管理就是根据一个系统所固有的规律，施加影响于这个系统，使这个系统呈现一种新状态的过程。"

美国管理学者小詹姆斯·H. 唐纳利，詹姆斯·L. 吉布森，约翰·M. 伊凡赛维奇等在他们合著的《管理学基础》中则认为管理是"由一个或更多的人来协调他人的活动，以便收到个人单独活动所不能收到的效果而进行的各种活动"。

在我国，目前对管理也有不同的理解，也有人认为"管理就是一个单位的负责人应用各种有关的原理和方法，引导大家的力量去行动，以完成共同的目标"；有人认为"所谓管理，就是指由专门机构和人进行的控制人和组织的行为，使之趋向预定目标的技术、科学和活动"。

国内外的管理学者对于什么是管理众说纷纭。有人认为："管理就是创造必要的条件，组织人们有效地去实现既定的目标，它是一切有组织活动的地方均不可缺少的要素。"这里强调了目标和组织；"管理就是领导"是强调管理者个人领导艺术的重要性；"管理就是决策"，强调决定政策、选择方案的重要性。也有人从系统论角度出发，认为"管理就是根据一个系统所固有的规律，施加影响于这个系统，使这个系统呈现一种新状态的过程"。

综上所述，我们可以对管理作这样的表述：管理是为了实现一定目标，由专门机构和人对组织中的各种资源进行计划、组织、指挥、协调和控制，以达成最大的功效而进行的活动。

与此同时，日本学者久下荣志郎在其所著《现代教育行政学》中认为："学校管理的概念，是包括着为达到学校本来目的的一切行为，一般可分物的管理、人的管理和经营管理。所谓物的管理，就是指对设施设备的维持、保全作用；人的管理是指对教职员工的任免、服务、惩戒、监督等；经营管理包括班级编制、教育课程、校务分担、儿童和学生的管理等。"

也有人认为："学校管理，概括地说，就是对学校的教育、教学和后勤等活动进行管理。教育活动包含范围广，从广义来说，学校的每一项活动都应具有教育性；教学活动是学校一切活动的中心；后勤是为教学、为师生服务的。只有把三者的管理统一起来，才是学校管理的完整概念。"

因此，我们认为可以将学校管理的概念表述为：学校管理是学校通过一定的机构和人使学校沿着一定的方向维持学校按教育规律进行正常运转，使其获得不断发展和提高的手段。它是达成学校教育目标，提高工作效果的一种总体作用。其功能是对学校教育总过程的一切活动和资源进行计划、组织、指挥、监督和调节，以便实现全面提高教育质量的目的。

此外，学校教育是专门培养人才的活动，承担着把人类积累的丰富知识转化为教育对象认识世界、改造世界的能力的任务；学校管理则要对培养人才的活动进行全面的组织安排，合理利用学校的教育资源，使育人活动更有效地进行。学校管理以学校教育的目的为自己的最终目的。学校教育与学校管理之间的关系，是目的与手段的关系。没有学校教育，学校管理就失去了存在的基础；没有学校管理，教育必然低效。

二、学校管理与教育的要素

系统论认为，在自然界和人类社会中，一切事物都是以系统的形式存在的。系统是由两个以上的要素构成的整体，学校管理也不例外。

关于学校管理的要素，教育管理界目前有"两要素说"、"三要素说"、"四要素说"和"五要素说"等多种观点。一般来说，学校管理要素主要包括管理主体、管理客体、管理目标和管理方法四个方面。

首先，管理主体是指在管理活动中处于主导地位，起支配作用的人和组织，是管理活动和管理职能的承担者、实施者。有人把管理主体仅仅理解为管理者，这种看法是片面的。管理主体包括管理者个体、管理者群体和管理机构，其中最主要的、发挥能动作用的应是管理者。但是，管理机构同样重要。管理机构即通常所谓的职能机构，它履行着重要的管理职能，绝不是可有可无的。管理主体是管理活动的决定因素。无论现代管理怎样强调民主管理，怎样强调淡化官方意识，都不能否定管理主体的作用，"龙无首不行"，是对管理主体作用最形象的说明。

其次，管理客体是指进入管理范围，不依管理主体的存在而存在的客观事物，即管理活动的承受者，管理主体认识和实践的对象。管理客体可以是自然的，也可以是社会的或精神的东西，如人、财、物、时间、空间、组织、社团、信息、思想、事件等。其中最基本的要素是人、财、物三个方面，其他方面都是由这三方面生发出来的，或是这三方面存在的形式或属性。在人、财、物三方面中，人又是最具有能动作用的因素，是学校管理的直接对象。管理客体接受管理主体的影响，学校工作的效能是管理客体在管理主体作用之下能量转换的结果。

此外，管理目标是指管理活动预期要达到的结果，是管理系统在一定时期追求的某种境界，与管理目的有密切联系，有时也称为管理目的。在一般意义上而言，目的和目标有共同之处，都是反映管理要达到的地步，但具体而言，尤其是两者相对而言，目的通常表示人的长远追求或追求的最终境界，目标则是指达到目的的过程中某一阶段的具体追求。管理目标对管理系统的活动有明显的导向作用，管理目标的确立，意味着管理者和被管理者行为方向的确立。

与此同时，学校管理的方法是指管理主体为达到一定的管理目标而采用的手段、技术、措施、途径的总称，是管理主体对管理客体有目的地施加影响的媒体，是管理者实现管理职能，取得管理成果的工具。管理方法是人们长期管理活动实践的结晶，并在管理实践中不断得到发展和完善。由于人类的长期探索，管理方法已经形成了一个具有多层次、多类型、多序列的体系。人类管理活动的一般性和特殊性，决定了管理方法既有一般方法，也有特殊方法、一般方法指不同领域都可以通用的方法，特殊方法即某一领域或某一领域不同层次特有的方法。从历史发展的角度，可以把管理方法分为传统管理方法和现代管理方法。教育方法、行政方法、法律方法、经济方法等，属于传统管理方法；目标管理方法、系统管理方法、信息管理方法、以电子计算机等现代技术手段进行管理的方法即属于现代管理方法。

三、学校管理学的研究对象

任何科学都是根据一定的理论原理整理出来的知识总和。作为一门学科必须有自己的知识体系。不具有系统性的、零散知识的汇集还不能成为科学，只有当有目的地搜集事实和描述事实达到能把相容的知识联合一个统一的、系统的基本原理和规律，实现了知识规范化的目标，才可以称之为科学。科学作为一种知识，它与生活知识、经验知识不同，生活知识、经验知识只是对事物的正确反映和描述。科学知识不仅要正确反映和描述事实，而且要解释事实。因此，科学知识的特征又在于概括事实，找出带有科学性的认识，并对客观世界作出预见。作为教育科学和管理科学的门类之一的学校管理学，应当有自己的知识体系。它应是以教育学和管理学的科学知识作为基础，但又不是它们的重复和相加。

在学校管理与教育研究领域，一些学者认为，学校管理学主要研究的应当是教育行政机关，教学研究机关以及校长与教导主任等的行政与组织方面的活动的各项问题。因此，其研究范围就包括学校制度、学校事业的管理、普及义务教育的组织、学校预算、学校内部领导等。

还有人认为，学校管理学研究的主要是学校管理的原则、制度和方法，揭示领导学校、管理学校的规律，其范围包括学校内部工作的各个方面。

此外，也有人认为，学校管理学研究的主要是学校内部的管理。其范围包括对教育活动的管理，对物资设备的管理，对教师、学生的管理，等等。

总的来说，学校管理学是研究学校管理的规律性的一门科学。它包括学校教育教学活动的合理组织、学校内部有关部门的协调、学校的领导体制和规章制度等方面的工作的规律性。它应该回答管理学校的指导思想、管理目标、管理原则、管理过程、管理制度和管理方法等一系列问题。

学校管理学包括各级各类学校管理工作的知识和行动规律。学校管理学与一般管理科学既有联系又有区别。管理学研究的是一般的管理原理和原则，而学校管理学则把管理学所阐明的管理规律、管理知识结合到学校管理工作的实际，阐明学校管理的原则和方法。

第二节　学校管理的过程

学校的管理过程是学校管理者根据教育原理及管理规律，组织和指挥学校内部成员，为达到学校预定的总体目标（教育目标和管理目标），进行共同活动的过程。学校管理的实践证明，只有通过科学的学校管理过程，才能逐步实现学校的总体目标。

有效的活动一定是在管理过程中进行的，但管理过程并不必然会使活动变得有效。一方面管理过程本身要消耗大量资源，另一方面活动的有效性受制于人对管理过程的认识。认识了学校管理过程的特点，就向管理规律接近了一步，管理资源的运用、管理职能的发挥、管理结果的产生就会变得更加有效。反之，管理过程不仅徒耗资源，还会产生反面效果。

一、管理过程具有的一般特性

首先，学校管理过程是一种有程序、可控制的教育活动过程，即学校管理过程具有一定的可控性和动态性。

学校管理过程是一种活动过程，学校全体成员都是在活动过程中发挥作用，把学校资源转化为能量，并形成成果的。学校是育人的场所，因而必须坚持管理育人、教书育人和服务育人，并贯穿于教学、教育和管理活动的全过程。师生的活动过程，能量的转化过程，成果的形成过程，无一不是动态变化的。一旦出现静态，就意味着学校管理运行的终止，就意味着学校管理生命的结束。但是，并不是说只要学校管理处于活动状态，管理过程就是有效的。实质上，学校管理过程就是一种对育人工作进行管理的过程，有着明显的教育性。学校管理活动尽管其目标有大小，时间有长短，但总是连续的、有步骤的共同活动，围绕一定的目标，按照其活动过程——计划、执行、检查、总结这一程序进行的。学校管理过程，一要受目标的制约，二要受工作程序的制约。因此，在整个管理过程中如若发觉产生各种偏离度，管理者就需及时进行调整，采取有效的控制措施，以期实现预定的目标。

管理过程的动态性特点，要求学校管理者正确认识学校管理过程的规律，并具有驾驭学校管理过程的能力；要求管理者在管理活动中注意把握管理对象运动、变化的情况，及时调节各种关系，使管理活动沿着预定的目标前进；要求管理者注意管理的弹性与刚性相结合，事事要有多手准备，留有余地，实施动态管理。

可控性特点要求学校管理者具有系统控制的观点，整体把握全局，把握学校管理全过程；要求学校管理者注意信息的反馈，管理者对管理过程的失控，总是从信息不灵和信息失真开始的；要求学校管理者注意目标的清晰度，高清晰度的目标不仅有利于管理者自身对管理活动的评判，更有利于学校成员的自我控制；要求学校管理者注意控制方法，明确目标所允许的最大偏离度，保证管而不死，放而不乱。

其次，学校管理过程是一种有序的、可变的目标管理过程，即学校管理具有有序性和可变性。

学校管理的核心是学校目标管理。目标管理活动的一般系列是：目标制定、目标实施、目标检验、目标评价等，如同一般的常规管理一样都是由计划、执行、检查、处理四个环节构成的。四个环节的活动应有一定的顺序。首先是计划，没有计划，管理行动是盲目的。其次是执行，即把计划付诸实施。没有执行，再好的计划都不过是纸上谈兵。然后是检查，检查是为了掌握执行情况，没有检查就不能发现问题，积累经验。最后是处理，即处理检查中发现的问题。没有处理，检查就没有意义，下一周期工作的开展，还会受到上一周期问题的困扰。

学校管理有序性的根本原因在于学生身心发展的有序性，在于知识结构的有序性。

管理过程的可变性不是要改变管理过程的有序性，而是针对固定的管理模式而言的。上述管理的四个环节的有序性是一种最基本的管理模式，在实际应用当中，由于各方面的工作性质不同，要求不同，可以形成多种变式。就是同一种工作，在相同的要求之下，也可以有多种变式。

此外，学校管理过程是一种有计划的、持续开展的周期性管理工作，即学校管理具有周期性与连续性。

学校管理过程的周期性，是指学校管理过程是由不同环节构成的整体，这一整体及其环节总是按序重复出现，形成一个又一个的周期。每一个周期都要完成一定的任务，实现一定的目标。学校管理过程的周期性是学校工作的周期性决定的。周期性意味着管理的节奏性，一个周期就是一次管理律动，周期性的破坏就可能导致学校管理工作的杂乱无章。

同时，科学的管理要求管理过程必须具有连续性，连续是管理过程的理想状态。学校管理全程是无数个管理周期的连接，这种连接不是自然的连接，也不应是人为的连接。从表面看，是学校管理者计划安排和控制的结果，但真正的连续性应是学校管理者对管理规律的顺应。连续性要求管理者特别注意管理目标的正确性。管理过程一头连着它的出发点，一头连着未来的目标，目标正确与否，决定管理过程中每一个活动的价值。连续性要求管理者要有长远的目标，长计划，短安排，持之以恒，避免短期行为。

二、学校管理过程的基本环节

目前，学校管理过程普遍由四个环节构成。

1. 计划环节

计划是学校管理者对未来的一种有目标、有条理的设想，是管理的基本活动，属于管理工作的起始环节。

学校管理由计划开端，进而对学校管理活动实行有效控制。所以，计划是管理工作科学化的重要标志，没有计划的管理，就不可能实行科学的管理。

计划环节在管理过程中具有三大作用：第一，保证行动的方向。在组织活动中，需要有明确的方向，才能保证组织成员心往一处想，劲儿往一处使。目标不明，组织成员的行动就会失去方向。盲目的行为是无法形成工作合力的。计划不仅要有明确的目标，而且要对实现目标有明确的安排，只要保证计划能得以落实，就能保证行动的方向。第二，统一步调。计划就是学校机器的运行控制图，按图操作可以保证学校工作的正常运行。第三，减少能耗，提高资源的利用率。学校开展任何工作都需要消耗一定的资源，减少能耗，提高资源的利用率，是提高管理效率的重要方式之一。合理的计划可以保证以最小代价换取最高的效率。

2. 执行环节

执行是将计划付诸实施，把设想变为现实的环节。在管理过程执行环节占时最长，工作最复杂，是四环节中最重要的一环。

执行，是学校管理过程的重要阶段，也是达成学校目标的基本手段，学校管理者应花极大的精力抓好计划的执行工作。执行环节之所以重要，是因为：第一，从管理的全过程来看，执行是计划的后继阶段，它将把计划变成行动，使设想成为现实。没有严格的执行即使是再好的计划也是一纸空文。同时，它又是检查、总结阶段的先导环节，是检查和总结的依据，因而它也是管理过程中占时最长的阶段。第二，从实施的要求来说，在这个阶段中可以充分反映执行者和执行机构的状况，各级执行者应在各自岗位上充分发挥自身的积极性和创造性，与此同时，各级组织也应充分发挥职能部门的积极作用。在计划执行的过程中，将会产生各种矛盾，管理者应及时给予指导，协助调整。

3. 检查环节

检查是衡量工作现状或结果与工作标准之间是否存在差异的活动，是工作执行中和执行后不可或缺的环节。没有检查就无法掌握工作的进度和效果，就无法了解问题和原因，也就无法总结经验和教训。

检查是计划执行的一种保证措施。其意义在于：使学校管理者能够全面了解一定阶段计划执行的情况，作为调整全局部署，指导今后工作的依据；同时它既是对各项工作及其工作人员的监督和考核，又是对领导者管理水平的一种测定。因此，检查是执行阶段的必然发展，也是总结阶段工作的前提和依据，是管理全过程的中继环节。

　　检查的形式多种多样，但是检查环节的管理活动基本相同。一是搜集信息，无论哪种形式的检查，都比较注重现场搜集信息，获得第一手资料。二是指导，检查环节的指导与执行环节的指导不完全相同，它比较注重对已出现的问题的纠偏指导。三是评价，即对工作过程、工作结果、教职工的工作能力、工作态度、工作方法作出大致的估价评定。四是总结，即根据检查的结果与预期的目标对照，发现问题，分析原因，寻求对策，总结经验，深化认识，探索规律。

　　4. 处理环节

　　学校管理过程中的处理环节又可看作为管理过程的总结环节。处理环节主要针对检查环节发现的问题及其原因进行分析及对策研究，采取具体行动纠正偏误，消除隐患，弥补损失。重点是解决问题，保证本周期的工作按质按量完成，保证本周期出现的问题不至于影响下一周期的工作。

　　与此同时，在处理环节中还要进行管理工作的总结。总结是检查的继续，它起着承上启下的的作用，既标志着管理活动的一个周期的完成，又预示着下一段活动的周期即将开始。总结的重要意义在于：它既要用科学的方法，对原有的管理过程及其工作效果，进行实事求是的质的评议和量的估价，寻找经验教训，又要为下一周期的工作提供依据和指出方向，因而它是促使学校管理科学化的基本途径。

第三节 学校管理的目标

目标管理的理论和方法在20世纪80年代逐渐被引进我国，不仅引入到了企业管理领域、行政管理领域、军事管理领域，也被引进了教育管理领域。

管理工作是一种有计划有组织的活动。学校管理更是为了实现一定的培养人的目标，因此，学校管理工作不能没有明确的目标，学校管理的正确与否、成效如何与管理目标是否明确与合理有重大关系。

一、学校管理目标的作用

学校管理的目标是一所学校管理工作所要求达到的基本要求。学校管理的目标反映了管理人员的办学指导思想和对学校人、财、物、事等各项工作的管理质量的要求。它也是衡量学校管理工作的质量标准。

首先，学校管理目标具有标准作用。学校管理是以制订学校工作目标为起端，使学校组织及其成员都有一个明确的方向，进而又以目标来维系和协调学校组织中各个部门、各个成员组成一个整体，并且推动大家为实现学校目标而互相协作、互相监督进行各自的工作活动；最后又以目标作为评价工作成效的大小、衡量教育质量高低的一个主要标准尺度。

所谓目标的标准作用，指的是评价工作成效的一个衡量尺度。学校目标标准首先是一个总体标准，在这个总体标准下再规定各项具体的目标标准。我们所说的学校质量，首先是指它的全面质量。学校质量的高低体现在学生的质量上，即全体学生的德智体等方面的质量，要实现全体学生的全面质量，就要对各项教育的内容，各种工作质量有一个要求，作为提高质量的目标，这种目标也就成为检查质量的一种尺度，即质量标准。所以说，目标也具有标准的作用。

其次，学校管理目标具有指引作用。从管理工作的过程看，目标具有指引行动方向的作用，它是实现管理职能所树立的方向标。学校的一切工作都是为了实现一定的目标，明确的、共同的目标是动员学校中各个成员、各个部门和组织同心同德地进行工作的行动方向。事实证明，任何学校的各项工作都是按一定的目标方向运转的，目标不明或目标错误，学校工作就会失去正确方向，偏离正确轨道。

此外，学校管理目标具有推动作用。一方面，对学校管理者自身来说，目标具有提高自觉性的作用。学校管理活动是很复杂的一项活动，学校系统内有各种组织、各个部门，它们之间既有上下级的关系，又有互助协作的关系，它们的工作任务和内容既有统一要求，互相联系，又有各自的特点。因此，学校的领导管理人员要高效地进行管理工作，就不仅应当明确自身的工作目标，而且应明确上下层次和左右部门的工作目标，不明自身工作目标的管理者，是一种盲目的管理者，只明确自身工作目标而不明确其他层次和部门目标的管理者，往往也只能是一种机械地执行任务的被动者。明确目标和目标系统的学校管理者，才能提高管理工作的自觉性，推动自己去争取管理工作的最佳效果。另一方面，对于学校组织的所有成员来说，一个明确而又具体，切实而符合需要的目标，可以起到鼓舞人心、激励精神的作用；可以激发人的动机，起到吸引和推动他们为实现目标而努力进行工作与活动的作用。

二、学校管理目标的制订要求

首先，目标的制订要符合科学性要求。学校管理目标的科学性是指要根据科学理论，运用科学方法，按照客观规律来制订。

学校管理目标的提出要有科学依据，要使目标规定的概念、时间、条件和数量有清晰的界线，也就是要明确概念的内容、时间与条件、数量与质量的要求。同时，要运用科学的方法来制订学校的管理目标，即要进行大量的调查研究，掌握真实情况，用辩证唯物主义观点来分析情况，广泛征询师生员工意见，实事求是地提出标准和目标。

其次，目标的制订要符合具体性要求。实践证明，明确的管理目标是与学校管理工作的有效性成正比的，制订的管理目标越明确、越具体就越好。这不仅对各个部门、各个成员的工作提出了明确、具体的要求，便于激励他们去努力实现目标，而且在最后评价目标实现绩效时，也有了具体的衡量尺度，实施奖惩也有了令人信服的依据。

目标管理是一种趋向定量化的管理方法。但是，由于教育现象是由众多复杂因素构成的，它需要创造性的精神劳动，不少教育现象只能用描述方法表示。一些目标内容只能用定性的方法描述，在定性描述基础上定量化，即二次量化。而有许多目标则可直接定量化。

此外，目标的制订要符合系统性要求。学校管理目标的系统性，是指它能否反映学校系统和社会系统中各子系统的动态平衡，以及学校系统内部各因素构成的最优化结构。所以，制订学校管理目标就应根据系统论的观点去进行系统分析和系统设计。

第一步，进行全面的系统分析。由于学校系统隶属于社会系统，社会的政治、经济、意识形态的变化发展都必然影响学校系统的工作和要求。所以，学校管理者必须研究社会的现状对学校教育所提出的新要求，使学校管理工作能够促进学校教育为社会主义建设培养人才服务。制订学校管理目标还要对学校内部进行系统分析，从领导班子、教师队伍、教育教学质量、物资设备、学生情况等方面进行分析，找出他们之间的相互关系和影响，抓住主要矛盾。

第二步，开展详细的系统设计。系统设计就是要在系统分析的基础上，设计出总体管理目标和各部门、各方面的管理目标，形成管理目标的系统化。学校工作是多部门、多层次的。因此，学校管理目标在学校的整体管理目标下也必须有明确的部门目标、个人执行目标，使学校管理目标层次化。

三、学校管理目标的内容

首先，学校管理目标的实现以教育方针的贯彻实行为基础，学校管理的最终目标是全面贯彻教育方针，培养全面发展的新人。因此，学校领导和教师要懂得教育科学，对全面发展的方针有较深刻的认识，并能落实于行动，使全体学生在德、智、体、美、劳等多个方面真正得到健康的、良好的发展。要使中小学生在学习阶段就为日后的学习、研究和工作打下必要的知识、能力和方法的基础，鼓励学生树立起成才的志向和信心，将来为国家的物质文明和精神文明建设作出贡献，这才是办学的正确方向，不应该把片面追求升学率作为主攻目标。要采取切实有效的措施提高学生的全面素质，使学生具有革命理想和良好的道德品质；各科学习达到教学大纲要求，学得扎实、灵活，能力较强；身心健康状况良好，体质不断增强；有良好的劳动习惯和一定的劳动技能。

其次，学校管理目标的实现依靠一支高水准的教师队伍。一所学校办得好不好，关键在于有没有形成一支德才兼备、足以为人师表的教师队伍。所以，建设一支好的教师队伍，应该是学校管理目标的重要内容。师资队伍建设要符合中央提出的三条要求：第一，要有较渊博的知识；第二，要认真研究掌握教育科学，懂得教育规律；第三，要有高尚的道德品质和崇高的精神境界。凡是办得好的学校，都非常重视建设一支人心齐、干劲儿足、有水平、有事业心的教师队伍。在教师队伍建设中，各校要有自己具体的管理目标要求。

再次，学校管理目标的实现需要建立一个富有战斗力的学校管理系统。这既是实现学校教育目标，加强学校管理的重要条件和保证，也是学校管理的一个目标。只有建立了富有战斗力的学校管理系统才能指挥学校各个部分及其成员按照各自管理职能的特性形成自身的执行目标，有效地进行各项工作和活动。

与此同时，学校管理目标的实现要以良好的校风为保证。校风，是学校精神文明建设的重要标志。一所成功的学校必须把培养自己的办学传统、逐步形成有自己特色的良好校风作为重要的管理目标。校风是由领导作风、教风和学风构成的，应当从整体上建设好。

良好的领导作风的主要要求是：学校领导要坚定执行党的路线、贯彻党的教育方针；努力钻研业务、亲临教学教育工作第一线，带头搞好教育工作；按教育规律办事，坚持从实际出发，理论联系实际；关心教职工及学生的思想、学习、工作和生活。

良好的教风的主要要求是：对学生全面负责，教书育人；形成钻研教材的良好风气；形成互相听课、互相学习的良好风气；形成深入了解学生实际的风气；形成不断改革教学法的风气。

良好的学风的主要要求是：有明确的端正的学习目的，有刻苦认真的学习态度，有科学的学习方法；要求学生认真听好每一堂课，集中听讲、积极思考；要求学生扎扎实实学好基础知识，进行基本训练，做好每一道题，做好每一个实验；要求学生充分利用学习时间，提高学习效率，科学安排学习活动；要求学生在学习面前不回避困难，掌握各科的学习规律并有进行创造性学习的精神和能力。总之，要求做到：认真、踏实、勤奋、刻苦、创新。

第四节　学校的领导体制

体制是一种组织内部的机构设置、职责权限和领导关系、管理方式的结构关系。体制有不同层次，是一种系统结构。

学校管理体制，是指学校系统的管理权限、职责、隶属关系、机构设置和组织制度等多方综合的结构体系。

一、学校领导体制的作用及意义

经过中国共产党第十三次全国代表大会修改后的《中国共产党章程》第三十三条规定："尚未实行行政首长负责制的事业单位中党的基层委员会，和不设基层委员会的总支部委员会或支部委员会，领导本单位的工作。这些基层党组织应对重大原则问题进行讨论和作出决定，同时保证行政人员充分行使自己的职权，不要包办代替他们的工作。……"现在，大多数中学还没有实行行政首长负责制，我国学校现行的领导体制基本上是"党支部领导下的校长分工负责制"，或称"党支部领导下的校长负责制"。

一切管理工作都是在一定的管理制度下进行的，学校的领导制度，是管理与领导学校的根本制度。一个完整的管理制度总是可以根据需要划分为若干不同的组成部分或层次，其中必然有一个居于统帅的地位，这个居于统帅地位的组成部分，就是通常说的领导体制。

学校领导体制的实质，是一个学校的行政管理工作究竟由谁来领导和负责全校的工作的问题。因此，它直接支配着学校的全部管理工作。只有领导体制恰当，管理人员才能充分发挥他们的积极性，管理工作才能有条不紊和高效率地进行，才能强有力地推动各项工作前进。领导体制不当，管理人员的积极性就会受到压抑和束缚，管理工作就会产生各种问题，涣散软弱和低效率状态就会出现，各项工作就会因此而受影响。中华人民共和国成立以来，我国中小学实行过多种领导管理体制。实践证明，领导管理体制不同，主要管理人员的职责范围也不尽相同，工作效率也大不一样。所以，在中小学建立一个恰当的领导管理体制，是一个很重要的问题。

二、校长负责制的实行

校长负责制是由校长对学校教育教学和行政管理全面负责、学校党组织保证监督、教职工民主管理的完整的领导体制，是一个含多个要素的综合结构概念。

1. 实行校长负责制的条件

首先，建立科学的校长遴选制度，把好校长素质关。一名好校长就是一所好学校的标志。学校实行校长负责制以后，学校方方面面的工作由校长一人负责领导，成功与否关键就看校长的素质。只要校长素质高，学校内外部环境再差，照样可以把学校办出一定水平；反之，办学条件再好也无济于事。所以，建立一套科学的校长遴选制度，把好校长素质关，就显得特别重要。校长遴选制度要明确规定校长的资格条件与素质要求，遴选方式与程序，做到规范化、公开化、民主化。校长负责制既是一种领导管理制度，也是对校长个人素养的一种要求。要充分发挥校长负责制的领导体制的优越性，就必须挑选和培养一名合适的校长。

领导者要实施领导，就要具有一种权力。权力的结构主要包括两个方面。一是"法定权"，即是组织制度所赋予领导者的权力；二是"影响权"，主要是指领导者个人的素养。其中包括领导者个人的专门知识、特殊技能和思想品质、作风。一个懂得教育规律、熟悉业务、具有管理才能、思想品质作风好的校长会受到师生的尊重和佩服，就是与他具有高水平的"影响权"分不开的。如果实行校长负责制而不注意校长人选，校长的素养不高，没有办好学校的责任感、事业心、知识和能力，其结果仍然无助于学校管理效能和效率的提高，达不到改革领导体制的目的。所以，实行校长负责制必须选择一个好的校长。

其次，要在调查研究试行单位经验的基础上，根据校长负责制的基本精神，拟订实施条例。从实际出发，具体规定学校行政、党组织和教职工代表大会的职责和相互关系，使各方面行动有所依循。当然，这样的实施条例需要在实践中不断完善，但有一个一定范围的条例，对于形成统一的工作规范，使校长负责制有法可依，无疑是必要的。

与此同时，教育行政部门应放权松绑，为学校管理创造宽松的环境。在计划经济条件下，学校的一切都被纳入"计划"之列，教育行政部门把学校牢牢控制在自己的手中，学校成了教育行政部门的下级单位，附属单位。人们相沿成习，把教育行政部门称为学校的上级部门。学校没有管理自主权，从校长的任命、教师的进出、科研教改，甚至日常的教学常规、管理常规，都得听命于教育行政部门。校长任职没有稳定的任期，这是当前校长负责制实施不能到位的一个重要原因。校长负责制从本质上看，是一种校内行政决策制度，其有效实施的前提是校长必须拥有相应的校内行政决策权，否则，校长寸步难行。如果说教育行政部门放权松绑，是当务之急，那么为学校管理创造宽松的环境，则是长治久安之计。学校工作有其特殊性，改革要着眼于长远，急功近利往往会留下许多隐患。即使改革的每一步都是正确的，其效果也不一定当即就能体现出来，有时还会出现暂时的停滞或下降，这都是很正常的现象。没有宽松的环境，就不可能有真正的改革，校长负责制的推行只能停留在表面。

此外，要有学校管理监督的民主化与之相配合。按照现代管理科学的组织原理，完善的领导管理机构必须包括决策指挥机构、咨询监督机构和执行机构。实行学校管理的科学化，必须以管理的民主化为基础。民主管理是社会主义管理的一条重要原则。虽然校长对学校的管理有最后的决策权，但是，一个人的知识、智慧、才能毕竟是有限的，特别是在社会主义市场经济的条件下，学校要适应当前形势，要根据"三个面向"的要求进行改革，其决策的复杂性和责任大大提高了，单靠学校校长个人是不能及时地解决办学中的所有问题的。

2. 实行校长负责制的意义

首先，校长负责制的实行有利于加强民主管理，调动广大教职工参与学校管理的积极性。实行校长负责制，首先要建立教职工代表大会的制度。教职工代表大会对学校的办学方向、教育改革和工作计划、规章制度等方面的重大问题，有审议权和建议权；对教职工生活福利方面的重大问题，有审议权和决定权；对领导干部有评议、监督权和奖惩、任免建议权。落实这些权利，就能集思广益，保证校长决策的科学性；监督校长，增强领导行为的有效性；维护教职工的合法权益，充分发挥教职工的智慧和才能。

民主管理的另一重要形式是建立在校长领导下的校务委员会制度。凡属涉及方针政策的、长远规划的、立法的、协作性的、学术性的问题，通过校务委员会的审议，能为校长决策提供更多的现实依据。

其次，校长负责制的实行有利于发挥校长的作用，充分调动行政系统的积极性，提高管理工作的效率。实行校长负责制有利于使校长和行政部门行使自己的职权，充分发挥行政人员的积极性。实行校长负责制，校长有职、有权、有责，有利于建立起一个独立畅通、强有力的行政指挥系统，有利于统一指挥和调动各方面积极性，使学校管理工作高效化。

实行校长负责制，有利于克服过去学校领导体制中校长和党组织职责混淆多头领导的弊病，排除或减少领导班子中的内耗；有利于校长根据行政管理工作的需要合理安排教职工的工作，建立分层负责的岗位责任制，加强教职工队伍的建设，实现有效的领导。

实行校长负责制，校长在党和国家的路线方针、政策指导下，可以根据学校的具体情况，和自己的办学思想，带领学校师生员工排除干扰，积极探索，提高教育质量，使学校在达到国家统一要求的基础上办出特色。

此外，校长负责制的实行有利于加强和改善党对学校工作的领导。实行校长负责制，学校党支部从日常行政事务中摆脱出来，可以集中力量加强党的建设，提高党员的素质，更好地发挥党员的先锋模范带头作用和党支部的战斗堡垒作用，从而提高党在群众中的威信。

要加强和改善党的领导，必须明确党的领导和行政领导的区别，党是政治组织，党的领导主要是政治领导，是对各项事业或业务工作从路线、方针、政策和重大原则上实行的领导。它不能代替日常的行政管理工作，不能代替各种具体业务的领导。各种业务性工作必须按照它们的特点建立自己的行政领导体制和具体的管理制度才能提高工作效率。所以，在一个具体单位，领导体制上必须党政分开，各有不同的职责范围。而实行校长负责制以后，学校工作由校长负责领导，学校党支部起保证监督作用。这样党支部就可以从大量的行政事务中摆脱出来，集中精力做好党的工作。

第二章　学校管理的方法

　　学校管理方法是实现学校管理目标，开展学校管理活动所采用的各种手段、措施和途径。学校管理方法受一定的思想理论指导，遵循学校管理原则，并与学校各项工作的内容相适应。

　　学校管理方法是学校管理者为实现学校工作目标，完成学校工作任务而采取的手段、措施、途径的总称。学校管理方法就是学校管理怎么管，即学校管理的手段问题。学校管理者能否认真学习、研究并正确运用学校管理的方法，直接关系到自身管理工作的成败。

第一节　学校管理的行政方法

　　行政方法是指依靠学校行政组织及其领导者的权力和威信，运用命令、指示和规定等手段，通过学校组织系统对师生员工进行管理的方法。

　　行政方法运用于学校首先说明了国家对学校教育事业的介入，统治阶级的意愿和要求可以通过行政手段贯穿到学校教育之中；其次，也说明了学校有序、有效的教育活动和管理活动的开始。

一、行政方法的特性

1. 权威性

行政管理方法依靠领导者的权力和威信以及下级的服从，直接地影响和控制被管理者的行动。它要求下级在行动上与上级领导者保持一致，服从管理者的意志。

运用行政方法进行管理，实际上是行使政治权威而不依靠经济手段。它是以学校领导管理人员的权力和威信，去直接影响被管理者的意志，控制被管理者的行为。学校领导管理者权威越高，他所发出的指令接受率就越高。行政方法的运用要求学校成员和学校领导管理人员的行动完全一致。因此，学校领导管理人员的权威，是运用行政方法进行管理的前提，也是提高行政方法效率的基础。

在组织机构的权力范围确定以后，权威性大小的关键取决于学校行政组织中领导者的威信，而领导者的威信主要取决于领导者的人格影响。因此，领导者的人格影响实质上是行政方法能否最后真正发挥较大作用的关键。领导者的人格影响主要是指领导者履行职责的能力、努力和成效。

2. 强制性

学校组织及其领导所运用的命令、指示、规定等行政手段对学校成员具有强制性，要求学校成员必须遵循统一的思想、统一的行动、统一的纪律以及下级必须服从上级管理的原则。对于不服从学校组织及其领导命令的学校成员，学校组织及其领导有权采取相应的制裁措施。行政方法的强制性是保证学校工作能够正常运转的前提，但它不同于法律方法的强制性，前者在适用过程中具有一定的灵活性。

行政管理方法运用国家权力机构和上级行政领导机关所作的决议、决定、法令、规章等行政手段，具有强制性，领导者有权对被领导者不服从行政指令和违章的行为作出处理。但行政强制与法律强制有程度的差别。

3. 垂直性

行政命令、指示、规定等通常是通过学校行政组织系统自上而下，纵向垂直逐层下达的。下级只接受上级直接领导的指示，不接受任何横向指令。

行政管理方法是通过行政系统来管理的，因此基本上是"条条"的管理，采取纵向直线传达指令，下级只服从直属上司，低一层只听上一层，指令只能实行垂直性传递，而横向传来的指令基本上是无效的。所以，在运用行政方法时，只能自上而下地纵向传达指令。

4. 时效性

行政方法的实施往往只对某一特定的时间和管理对象有效，对另外的时间和对象则无效，它具有一定的时效性，即随着学校管理对象、目的、时间等条件的变化而变化。命令、指示、规定等行政手段都具有较强的针对性，只对特定的对象在特定的时间范围内起作用；有较强的时效性，有利于迅速应对新情况，处理新问题。

二、学校行政管理的方式划分

1. 强制的方式

学校管理的行政方法所涉及的"强制"，并不等同于官僚主义的强迫命令，而是一种"非执行不可"的管理方式。在学校的日常管理工作中，常规的行政工作要及时、准确、协调一致地进行，学校领导的指令就必须有权威。但是，这种强制必须以行政组织正式授予的权力为依据，只能在某一职位所拥有的权限与职责的范围内对被领导者实行。

2. 示范的方式

在学校的行政管理事务中，榜样的力量是无穷的。如果"说服"是言教，那么"示范"则是"身教"。示范的领导方式就是领导者以自己的模范行动或通过宣传先进人物的先进思想和先进事迹，使群众学有榜样。俗话说"身教重于言传"，对学校领导者个人来说，其言行举止，都应当是学校师生行为的楷模，这样才能有吸引力和号召力。另外，学校领导者通过树立榜样，也可起示范的作用，激励学校成员向先进看齐。

3. 说服的方式

说服的方式是指学校领导者在工作中，通过启发、商量、讨论、建议等方式，使被领导者接受并贯彻自己的意图。这是一种极为重要的领导方式。单纯依靠行政命令的强制方式显然是不够的，还必须通过说服，使被领导者从思想上认清工作的意义、目标，以及可供选择的达到目标的途径、工作的程序和方法，从而自觉地、更好地适应工作的需要；同时，通过说服，还可以使领导者能够直接地、清楚地了解被领导者的需要和他们对工作的想法，以便恰当地调整工作的目标与进程，使学校工作得以顺利进行。因此，学会运用说服的方式乃是学校领导者必须掌握的一项基本功。

三、行政方法的实施要求

行政方法是学校管理中的主要工作方法之一，由于其权威性、强制性和垂直性等特点，有利于对学校工作进行集中领导、统一指挥，工作效率较高。但由于行政的方法强调集中领导、统一指挥，常常容易导致官僚主义、强迫命令、独断专行和随意指挥等错误倾向，忽视学校成员的需求，人为造成部门之间的隔阂，不利于学校成员主动性和创造性的发挥。

因此，在学校管理过程中，行政方法的具体实行要注意以下几个方面：

首先，要突出学校管理的目标导向。学校管理目标是学校一切管理活动的依据，既是出发点又是最终目的。只有学校管理目标明确，才能加强学校行政指令的权威性。同时，还要强调下级服从上级，但又不要多头领导，以免指令分散，使下级无所适从。适当集权，大权独揽，才能发挥行政方法的功能，实现对学校全局活动的有效控制。

小权分散是为了调动学校各层次管理者的积极性。

其次，要处理好跨度和层次的关系。学校行政指令只能下达在本跨度内，然后通过层次逐级下达。各层次干各层次的事。要提高学校行政管理的效率，就必须减少学校管理系统的层次；但学校管理层次的减少，必然会带来学校管理跨度的增宽，过宽的管理跨度会加重学校管理者的负担，由此带来的损失可能更大。因此，在学校管理工作中，我们应该在学校管理跨度与学校组织层次之间求得某种适度。

此外，要责、权一致。在学校管理系统中，每一个管理层次、每一个管理者都必须明确自己的责任，并拥有相应的权力，才能保证学校管理行政方法的顺利运用。与此同时，要提高学校管理人员的素质。学校行政方法的管理效果受学校管理者个人品德、素质、水平的影响；学校行政方法的有效实施最终取决于学校管理者的权威作用。因此，学校管理者的素质水平如何，直接影响行政方法运用的成败。

第二节　学校管理的法律方法

法律方法是指依照国家有关教育的法律、法令、条例等规范性法律文件，对学校工作进行管理的方法。

法律方法也就是人们常说的"法治"。这里作为学校管理方法来讲的法律方法，不仅包括国家权力机关的教育法律的制定与实施，广义的学校管理法律方法，还包括由国家各级教育行政机关以及学校的各种类似法律性质的行为规范的制定和实施。

一、法律方法的特性

1. 强制性

有关教育的法律、法令、条例等规范性法律文件是由国家权力机关、各级教育主管部门，依照法定程序制定并颁布实施的，学校内部的各类人员都必须遵守，否则可以依法进行制裁。学校管理的法律方法的强制性特征，对保证学校管理系统的正常运转，维护学校正常的教学秩序具有十分重要的作用。同时，教育法规具有必须严格遵守和不可违抗的性质，学校的每个成员都毫无例外地要遵守，任何部门和个人都不允许违犯，不允许对法律、规范和制度的执行进行阻挠和抵抗，否则要受到国家或学校强制力量的惩处和制裁。

2. 规范性

学校法律规范是学校组织和学校内部成员行动的统一准则，对所有学校组织和所有学校内部成员都具有同等的约束力，即"法律面前人人平等"。教育法律和法规都有极其严格的语言，准确地阐明着一定的含义，并且只允许对它作出一种定义和解释。它的制约对象是抽象的、一般的，而不是具体的、特定的。

教育法律的规范性对调节学校与社会，学校内部门与部门，以及学校成员之间的关系具有重要作用。

3. 稳定性

法律的制定、修改和废止都必须按照严格的法律程序进行，任何组织或个人都不能够随意更改，所以法律一旦制定就具有相对的稳定性，在一定时期内可以重复使用。相比之下，行政方法则容易变化，具有较强的时效性。教育法律的稳定性是学校长期稳定发展所不可缺少的重要条件。

法律具有较大的稳定性。教育法规是党的成熟化、定型化、制度化的教育政策，它一经制订后，不经过法定程序，任何人都无权改变，具有高度的严肃性。"朝令夕改"，不利于教育法规（包括学校规章制度）的遵行。

4. 可预测性

各项教育法律和法规是以符号信息的形式表达的，由于这些信息的存在，学校组织成员有可能预见到组织对自己和他人的行为会有什么反应，人们事前可以估计到自己或他人的行为是合法的还是非法的，会有什么样的后果等等。

二、法律方法的作用

首先，学校管理法律方法的运用，可以保证必要的学校管理秩序。管理的关键在于信息和人、财、物的合理沟通。使用法律的方法进行学校管理，把沟通方式用法律、规范、管理制度的形式规定下来，就可以建立起法律秩序；可以使学校管理系统中的各个子系统明确自己的职责、权利、义务，使他们的沟通渠道畅通，并正常地发挥各自的职责，使整个学校管理系统自动有效地运转。与此同时，由于法律具有概括性和稳定性的特点，这就能把学校管理各方面的关系固定下来，从而加强学校管理系统的稳定性。

其次，学校管理法律方法的运用，可以有效地调节学校内部各子系统和各种管理因素之间的关系。学校管理的法律方法能充分运用自身的约束力，根据学校管理对象的不同特点和所给任务的不同性质，规定不同管理因素在整个学校管理活动中各自应尽的义务和应起的作用；并通过使用各种不同的约束方法，调节其适用程度和范围，来保证学校管理对象内外各种组织纵横关系的协调。

同时，调节作用是法律的基本职能。教育法规调节学校各个组织和部门纵的和横的关系，调节人与物、人与事、人与人、事与事之间的关系，使之协调一致。在保证教育法规的严肃性、稳定性的前提下，可以根据弹性原理，从学校的实际出发，制定与之相适应的教育法规实施细节、规章制度，并在学校的权力范围内，通过必要的修订来改变其约束的程度和范围，使之符合学校动态管理的需要。

此外，学校管理法律方法的运用，可以加强学校管理系统的稳定性。法律的基本特点是它的规范性、强制性和严肃稳定性。用法律的形式把行之有效的学校管理制度和管理方法规范化、条文化，明确规定下来，严格执行，能够加强学校管理系统的稳定性，提高学校的工作效率和管理效益。

教育立法，使学校管理有法可依，有章可循，统一认识，统一行动，这就能使系统的功效增长，提高工作效率和管理效益。

三、法律方法的实施

运用法律的方法进行学校管理，从本质上来说，是通过上层建筑的反作用来影响和改变学校的。法律方法对学校管理的作用是双重的，如果各项法律和规范的确定和实施符合学校管理活动的客观规律，就可以起到促进作用，否则，就会起到阻碍作用。

首先，学校管理者要加强法制理论的学习，树立依法治校的观念。教育立法是现代国家管理教育的基本依据和重要手段。我国教育工作的经验教训也证明：办好社会主义教育，不仅要依靠国家的教育方针政策的指导，还必须有教育立法、执法的保障。

教育立法是现代国家管理教育的基本依据和重要手段，为世界众多国家所重视。在新的历史时期，应当更多地运用法律手段来管理教育。学校管理是一种具有组织特性和权力特性的活动。具有管理功能的教育法律是发挥学校组织管理效能的一种重要手段，是科学管理的一个重要标志。

其次，教育法规和制度的内容要与整个学校组织内的道德水平相适应，偏低起不了作用，偏高将会造成司法的困难。也就是说，制定学校管理的各种法规时，要注意不可超越或脱离现实的各种条件，必须防止主观任意性。同时，要树立法制的权威性，有法必依，执法必严，违法必究，做到人人知法、守法。因此，学校管理者不仅要以身作则，还要注意提高师生员工执法、守法的自觉性。

此外，要加强教育法律法规的监督。对于教育法律法规的制订和实施的监督，是保证教育法律法规制定的正确、合法，教育法律法规的切实贯彻实施的重要措施。教育法规的贯彻实施，除了充分发挥党和国家权力机关、检察机关、行政机关的监督职能外，在学校，还要建立在学校全体成员自觉遵守的基础上，同时必须充分发挥党支部及其领导下的教职工代表大会、工会、共青团、学生会等群众组织的民主监督作用。在加强学校民主管理的同时，必须加强学校规章制度的建设，使学校管理民主化、制度化、法律化。

与此同时，实行完善的法律监督的前提是具备有效的法律机构和体系来保证法律的实施，注意司法工作的开展。教育法律法规的实施包括教育法律法规的遵守和对违反教育法律法规行为的纠正与制裁。教育法律法规的遵守是贯彻实施教育法律法规的基础。因此，必须加强教育法律法规的宣传教育，使学校干部、教师、学生和家长及其一切与学校组织有关的集体和个人增强法制观念，自觉遵守教育法律法规。

第三节　学校管理的经济方法

经济方法是指运用经济手段，按照经济原则，讲究社会经济效益的管理方法。即，通过运用诸如工资、利润、利息、税收、奖金、罚款以及经济责任制、经济合同等这样一些经济手段，组织、调节和影响管理对象的活动，以提高工作效率，促进社会经济效益的提高。管理的经济方法是相对于行政方法而言的。

一、经济方法的特性

1. 利益性

利益性是经济方法最根本的特性。它要求按照物质利益的原则，把学校教职员工的物质利益与其工作成果联系起来，充分体现按劳分配的原则。

在社会主义条件下，人们从事物质生产，最为直接的目的是满足人们的生活需要，也就是物质利益，人们对经济利益的追求成为生产发展的主要的内在动力。同时，在劳动仍然是人们作为一种谋生手段的情况下，绝不可忽视物质动力在调动教师积极性方面的重大作用。只有使教师的富有成效的工作获得相应的物质利益，才能更好地激发教师的工作热情，完成学校的各项任务。

2. 平等性

经济方法强调学校内部各部门、各成员获取经济利益的权力是平等的。即，在按照统一的价值尺度来计算和分配教职工劳动成果的前提下，使用各种经济杠杆和经济手段。

把商品经济积极的竞争机制引入学校，必须为教师创造一个良好的平等的竞争环境，在按照统一尺度衡量劳动成效和分配上，教师集体和个人获取自己物质利益应是平等的，因此也就具有公平合理性。

3. 多样性

学校有不同的管理部门，教工有不同的工作性质，因此，对不同地区的学校，对学校内部的不同部门，在不同的时间内，学校管理者所采取的经济方法是不同的。必须根据学校不同部门和不同人员的工作性质和特点，运用不同的经济方法和手段，以体现其合理性。

4. 一致性

学校的经济方法必须与学校的经济计划、经济能力相一致，脱离学校的经济能力，超越客观的经济条件，学校之间盲目攀比或生搬硬套，都会影响经济方法的有效性。

5. 间接性

学校管理的经济方法不直接干预或控制教职员工的行为，而是通过对教职员工多方面经济利益的调节，间接地影响教职员工的行为，教职员工对这种影响有一定的选择权。

二、经济方法运用的基本要求

首先，学校管理经济方法的运用要以物质激励结合精神激励。运用经济方法会直接影响教职员工个人的物质利益，因此，学校领导管理者在运用经济方法时，一方面要真心诚意地为教职员工谋利益，设法解决教职员工的住房问题，改善福利待遇，减轻家务劳动负担等；另一方面要加强精神激励，加强学校总体目标的教育，提倡互助合作精神。只有将物质激励与精神激励两者结合起来，才能真正发挥经济方法的效力。

其次，要正确对待教职员工的物质利益要求。有的领导者对教职员工有关工资、职称、住房分配等物质利益要求，不能认真听取群众意见，认真分析，积极采取相应的措施，以致不同程度地挫伤了部分教职员工的工作积极性，给工作带来损失。正确的态度应该是首先肯定教职员工物质利益要求的合理性，在这个基础上，充分分析各方面的原因和条件，积极满足教职员工的合理要求。对不合理的要求也要尽量结合教育的方法，通过晓之以理，动之以情来加以解决，切忌简单粗暴。

此外，学校管理经济方法的运用要坚持按劳分配原则，反对搞平均主义。经济方法应用的目的是调动广大教职员工的工作积极性，而平均主义无法达到这一目的，只有实行按劳分配的原则才能真正达到这一目的，但按劳分配原则的正确实施，需要建立在对教职员工劳动的科学评价的基础之上，而且要从实际出发，在拉开物质待遇差距的同时，考虑教职员工的心理承受能力，以免事与愿违。克服干与不干、干多干少、干好干坏一个样的旧习，促使教职工深刻理解多劳多得、少劳少得、不劳不得的分配原则。

三、经济方法的实施

在计划经济时代，学校管理中经济方法的作用十分有限，教育方法和行政方法发挥主要的作用，但在市场经济条件下，经济方法的运用已经十分常见。任何学校管理者都不能忽视对经济方法的研究与运用。能否成功运用经济方法，常常成为决定学校管理工作成败的一个关键因素。

1. 教师管理中的经济方法

在学校教师管理中的经济方法，主要体现在工资和奖金两个方面。教师管理中经济方法的有效实施能够组织、调节各方面的经济利益关系，充分调动学校成员的积极性和创造性。

首先，我国现阶段实行的是国家统一规定的工资等级制度。目前，工资体制改革已在一些学校开始推行，并且取得了积极的效果。其基本经验是：根据按劳分配的原则，实行教师工资和责任、工作量、职务级别挂钩；改革劳动人事制度，推行聘任制，实行双向选择（校长有权聘任或不聘，教师有权应聘或拒聘）、评聘公开、面向社会、合理流动，这些经验可以借鉴。

其次，奖金是对超额劳动和突出贡献的报酬。学校管理运用奖金的经济手段，是根据经济方法的利益性特点，奖励超额劳动，鼓励先进，其目的在于充分调动教职工的积极性。

为了充分发挥奖金的作用，应当使奖金不仅与自己的工作成果相联系，而且与教师集体的工作绩效相联系，与学校的管理效益相联系。如，学校管理效益好，个人就可享受较多的奖金，反之则少。这样就可促进教师不仅关心自己工作成果的大小，而且关心教师集体和学校的工作。

2. 学生管理中的经济方法

经济方法不仅可以运用于教师管理，也还可以运用于学生管理。

第四节　学校管理的信息技术方法

学校管理的技术方法主要指现代信息技术的运用，学校管理方法随着社会的进步和学校管理实践的不断深入也在不断发展，其中最深刻、最具影响力的发展，正是现代信息技术在学校管理中的应用。

与此同时，学校管理如果不能有效地运用现代信息技术，就不可能实现真正意义上的现代化，就难以适应信息社会和市场经济的要求。学校管理者认真学习并掌握学校管理中的现代信息技术知识，对提高自身管理工作的水平具有重要的意义。

一、信息技术方法的特性

学校管理中的现代信息技术的内容十分广泛，卫星传输技术、双向视频技术、移动通讯技术以及以计算机为核心的多媒体技术、网络技术、数据库技术等都可以应用到学校管理中来，而且，这些技术也正在呈现出一种整合或集成的趋势。但目前在中小学使用较广泛的还是计算机多媒体技术和计算机网络技术。

首先，计算机多媒体技术的主要特点有以下几个方面：

1. 集成性。可将多种媒体进行加工处理使之有机结合在一起，呈现出丰富的表现力，便于知识的理解和掌握。

2. 交互性。可以进行实时的双向信息交互，可用于支持教学过程，调动教师和学生在教学过程中的积极性。

3. 超文本特征。可以建立具有检索和导航功能的大容量知识库，用户可以任意选择路径进行检索和学习。

其次，计算机网络技术的主要特点有以下几个方面：

1. 检索速度快。用户可以根据需要迅速查找到需要的信息。

2. 信息来源广。用户可以在计算机网络上查找到自己需要的各种信息。

3. 参与性强。用户可以在网上自由发表意见或参与讨论，同时还可以用电子邮件进行通讯联络，既节省时间又节省费用。

二、信息技术方法的应用及意义

1. 计算机管理的应用

计算机管理的应用方式一般有两种：单机管理信息系统和网络管理信息系统。

单机管理信息系统通常是在单机上单独的职能性的事务管理信息系统，如财务管理信息系统、教务管理信息系统等，可以根据需要采取购买、自行研制或委托开发等方式建设。单机管理信息系统的优点是保密性好，但由于系统分散，各自为政，容易造成工作上的重复浪费，甚至系统与系统之间的数据冲突。

网络管理信息系统包括各类专用小型局域网络管理信息系统（如图书馆的借还书系统、膳食网络管理系统等）和将各类专用小型局域网络管理信息系统加以互联的校园网。网络管理信息系统相对于单机管理信息系统，在应用上更加复杂，需要更加专业化的分析、设计、建设和维护。网络管理信息系统的优点是可以实现硬件和软件资源的共享，虽然初期建设成本较高，但从长期应用来看是节约的。网络管理信息系统的缺点是，如果出现网络技术故障，整个网络管理信息系统的工作会受到影响，而且对网络管理信息系统还要在加强保密性，防止计算机病毒方面做很多工作。

2. 技术方法在学校管理中应用的推广

要在每一所学校的管理中，都有效地引进现代信息技术并非易事。现代信息技术虽然能在学校管理中发挥重要的辅助作用，但由于经费、领导者的素质等原因，能够真正用好现代信息技术的学校并不多。要在学校管理中用好现代信息技术，需着力做好以下工作：

（1）建立专门的技术机构

在学校管理中应用现代信息技术是一项专业性较强的工作。成立专门的技术机构，聘请专业人员，对学校现代信息技术的应用进行专门的规划、组织、指导是十分必要的。否则，这项工作就会陷入盲目状态，或在较低的水平上运行，难以发挥现代信息技术应有的作用。

（2）根据学校实际，搞好硬件和软件建设

现代信息技术在学校管理中的应用，需要从每个学校自身的实际出发，既要避免技术无用或技术恐惧的心理，又要避免迷信技术，盲目上马，贪大求全的急躁情绪。学校领导应充分依靠学校管理人员、教师和专业技术人员，认真分析学校的实际需要，根据自身的财力和教职员工的素质状况，循序渐进，制订切实可行的硬件和软件建设实施计划。

硬件建设可以采取先重点满足急需，后满足普遍需要，先配置单机，后建设网络，先拨号上网，待时机成熟后再设立网址等策略。在硬件设备的档次上，应考虑使用目的、设备今后的升级，以及学校的财力等因素，避免投资浪费和重复建设。硬件设备选择并购置好以后，要请信誉好，售后服务好的安装公司在专业人员的监督下进行安装。

随着软件业的快速发展，可用于学校管理的软件系统越来越多，各类校长办公系统、财务软件系统、教务管理软件系统等十分丰富，能否选择或自行开发出适用的软件，并根据学校的发展需要不断将软件更新换代，是现代信息技术能否较好地发挥作用的关键之一。

（3）建立信息技术方法在学校管理中应用的有关制度

任何一项工作要长久维持，必须建立制度。在学校管理中要用好现代信息技术，至少需要建立以下两项制度：学校各部门管理信息系统的使用、维护职责，学校各类人员现代信息技术培训规定。这两项制度都必须明确每个教职员工个人的责、权、利，并明确奖惩措施。

（4）实施信息技术方法使用的全员培训

在学校管理中应用现代信息技术，是学校管理工作发展的必然趋势。同时，由于学校管理的民主化趋势，学校各类人员都要不同程度地参与到学校管理工作中来，掌握现代信息技术在学校管理中的应用方法，提高工作效率，是现代社会对学校全体教职员工的要求。全员培训的内容应分两个方面，一方面是思想认识的培训，另一方面是现代信息技术应用技能的培训。在提高思想认识方面，要运用教育的方法、行政的方法和经济的方法来共同强化广大教职员工应用现代信息技术的意识。在技能培训方面，可采取分阶段、分层次、分类型的培训策略，避免脱离实际，搞整齐划一，影响正常的教学秩序和教职员工的学习积极性。培训的形式可以多种多样。只要做好规划，长期坚持，一定能收到良好的效果。

3. 信息技术方法在学校管理中的意义

现代信息技术由于有一系列的优越性，在学校管理领域正得到广泛的应用。作为现代信息技术主要代表的计算机多媒体技术和计算机网络技术应用到学校管理中，可以改进信息收集的方式，改变过去依靠人工收集和处理信息而出现的工作量大，容易出错，速度慢，信息散乱、不全面等现象，使信息收集和处理工作规范化，提高信息处理的速度、可靠性和科学性；改进信息的检索、呈现和传递方式，使信息检索方便、快捷，以多媒体方式呈现，并能进行实时传递。

以计算机技术在教学管理中的应用为例，计算机技术可以用来记录、分析和报告学生的学习情况，包括对学生的学习进度和学习完成情况的记录、分析和报告；编制客观性测验的试题库，既可以编制个别化测验题，也可以编制多份等效的测验，大大节省教师的劳动；可以用来阅卷、计分、分析成绩，提高这些工作的效率；进行课堂教学控制，如一些软件公司开发的具有电子举手、电子回答问题、电子备课等功能的课堂信息系统。

第五节　学校管理的思想教育方法

学校管理的思想教育方法，是指通过对一定精神观念的宣传，从真理性方面激发学校成员的理想，使之成为其组织成员的动机，从而为实现学校的整体目标而努力的方法。

一、思想教育方法的特性

1. 启发性

启发性是指通过真理性激励，启发学校成员认识真理、掌握真理，把行动自觉地指向学校组织目标的过程。在学校管理工作中，运用教育的方法，使学校成员懂得选择自己的行动取向，这种行动取向是学校成员经过自我思考后产生的一种服从真理和科学的意志行动，而不是屈从于外界的某种行政的或经济的强制力所产生的结果。教育的方法是非强制性的，是通过摆事实、讲道理等方式，用正确的价值观引导受教育者，启发受教育者，使之通过思考，自觉产生一种服从真理和科学的意志行动。

因此，在运用思想教育方法时，学校领导、管理人员的宣传越能符合真理和科学，越能晓之以理和动之以情，则越能启发学校成员思索问题，教育方法所起的作用就越大。

2. 长期性

长期性是指学校成员思想觉悟的提高，树立正确的世界观、人生观、价值观非一日之功，解决人的某个思想问题常常也不是一蹴而就，但这些问题一旦通过思想工作得到解决，又会长期影响人的思想和行为。

首先，人的思想形成和发展与人们掌握的科学知识有关，人们掌握的科学知识越多，对客观事物的内在规律和客观世界的认识就越深刻，而知识的积累是循序渐进的，不是一蹴而就的。其次，就人们的思想转化过程来看有四个阶段：道德认识的变化、情感的变化、行为的变化、习惯的改变，这四个阶段都需要时间和过程。再次，人从一种态度行为改变成另一种态度行为，其心理真正内化也需要经过"解冻"、"变化"、"凝固"三个过程。因此，学校领导、管理者要注意思想教育过程长期性的特点，不能有操之过急的情绪和立竿见影的观念。

3. 广泛性

广泛性是指思想教育方法被广泛应用于学校管理活动的各个方面，学校管理中各种方法的有效运用，都离不开教育方法的配合。运用思想教育方法，从时间上说，具有长期性；从空间上说，则具有广泛性。即思想教育方法渗透在学校一切工作中，学校所有成员都可以用自我教育、相互教育的形式运用这一方法。

4. 灵活性

灵活性是指思想教育方法因人、因时、因地、因事而异，方式、方法比较灵活。因为人的个体意识和社会意识的发展是不平衡的，所以必须根据对象不同的思想层次和不同的心理素质灵活多样地进行教育。

二、思想教育方法的原则

1. 科学性原则

首先，思想教育内容的科学性原则，有赖于学校领导者自身的理论知识修养，要求学校领导者不仅要有广泛的社会科学知识，又要有基本的自然科学修养。不仅懂得马克思主义哲学，还要懂得社会学、伦理学、科学学、心理学等等，有了比较广泛的科学知识，也就能够增强思想教育的效果。

其次，思想教育的根本任务是用马列主义、毛泽东思想，用党的基本路线、方针教育师生，启发人的自觉性，调动人的积极性，以保证学校教育、教学等各项任务高效、优质的完成。

科学靠的是真理和知识的力量。马列主义、毛泽东思想是真理，而真理是可以认识的。人类有史以来，无数优秀人物追求真理，探索真理，宣传真理，使人类社会不断推向前进，这就是基于真理的可认识性和可接受性。只要我们按照马列主义、毛泽东思想的本来面目，把它看作是一个完整的科学体系，紧密地联系教育领域的方针、政策，联系师生的思想实际，全面地学习、宣传和实行，就一定能够极大地提高师生的思想觉悟，振奋革命精神，做好各项工作。

2. 民主性原则

在运用教育方法时，要以真诚、平等的姿态，在和谐的气氛下与人沟通，循循善诱，以理服人，而不能以真理的化身自居，以势压人、训人，要充分尊重人的人权和人格。这个原则是教育方法运用的一个重要原则。

与此同时，任何进步的思想教育活动，都是群众自己教育自己，自己解放自己的自我认识活动。因此，思想工作必须废止那些强迫、命令、教条主义的说教方式，而采用群众喜闻乐见的形式，运用讨论式、商量式、启发式等民主方法，把广大师生吸引到思想教育中来，使他们成为思想解放运动的主人。

3. 实事求是原则

在学校管理的思想教育方法中，实事求是的原则是指在解决教职员工的思想问题时需要作充分的调查研究，在没有弄清事实的前提下，切忌偏听偏信，随意表态，更不能只看缺点，不看长处。

此外，教职员工的思想问题多种多样，每个教职员工的具体问题也千差万别，思想境界有高有低，教育方法的运用必须针对每个人的具体实际，因人、因事、因地、因时拿出有针对性的切实有效的办法。回避敏感问题，空洞说教，不仅不利于思想问题的解决，而且会令人反感，发挥不了教育方法所应有的作用。

4. 灵活性、艺术性原则

思想工作是一门科学。人的思想活动是有其客观规律性的，学校思想教育方法能否卓有成效，关键在于能否按照人的思想活动的规律，针对学校成员的思想实际，因时、因地、因人，灵活变换、因势利导。

人处在不同环境和气氛中会产生不同的情绪，进行思想教育时要正确选择适当的环境，创造良好的气氛。事情过去了，环境更新了，人们的情绪常可以由激动变为平静，由愤怒变为欢愉，这就为思想教育的可接受性创造了有利的条件。在剑拔弩张、咄咄逼人的气氛中，思想教育是难于奏效的，而在温和友好的气氛中，就易于接受思想帮助。

思想工作是一门科学，又是一种艺术，艺术是靠感染力去吸引人的。具有艺术性的思想教育工作方法，在导入真理的过程中，可以使教育更加生动、活泼、形象、直观，寓教育于闲谈之中，寓教育于娱乐之中，寓教育于趣味之中，这都是思想教育艺术性的体现。

三、思想教育方法的实施

思想教育对于动员群众实现学校目标起着先导的作用，学校领导者的任何决策或意图，都应该是从群众的实践中来，并依靠群众去贯彻实施。学校的师生员工是学校领导工作的基础，没有他们的积极支持和参加，学校目标就无法实现。而要使他们积极投入学校的各项活动，这就要坚持思想领先，从政治上、思想上把他们动员起来，才能达到。

因此，在学校管理过程中，思想教育方法的实施主要有以下几种方式：

1. 说服法

说服是通过摆事实、讲道理，循循善诱、启发自觉、弄清是非、以理服人，提高学校成员的思想认识的方法。

人们思想觉悟的提高，靠启发自觉性。这就需要以理服人，而不是以势压人。说服教育是学校管理者运用得最经常、最广泛的方法。说服教育是一门艺术，掌握好这门艺术，就会收到良好的效果。说服教育可以采取讲解、报告、谈话、讨论、参观、调查和访问等方式进行。

以讲解和报告为例，这是两种较为常用的说服方式。讲解指学校管理者将国家的方针、政策，组织的决策、计划、目标等向学校成员作系统的讲述和解释。报告是指就学校管理中的某些问题向学校成员作全面的阐述，它适用于专题性内容，如形势问题、纪律与法律问题等。进行讲解和报告，要注意启发诱导，促使学校组织成员自觉地认识问题，解决问题。学校管理者既要是非分明，又要诚恳耐心，从教育的愿望出发，促使被管理者的思想转化，达到提高思想觉悟的目的。

2. 激励法

激励法是通过对某种思想行为的肯定，使这些思想和行为得到强化和推广的方法。在学校管理中，领导者往往运用这种方法来激发师生的进取心。把精神鼓励与物质利益正确地结合起来，激励的方法能有效地调动学校成员的积极性。

激励法的类型主要有：

（1）理想、目标激励。坚定的理想信念是精神支柱，能产生强大的思想动力。有了正确的世界观、人生观，才能作出无私的奉献。

（2）情感激励。情感是人们思想和行为的一种动因。学校的思想教育，大量的工作通常要有情感激励。我们经常看到，人们的思想行为在得到群众和领导的赞许、鼓励的时候，就会产生坚持下去的激情；而当不被理解，甚至遭到误解、讽刺、打击的时候，积极性就会受挫。有错误思想和行为的人，如果得到周围的亲友、同事的关心爱护，就会增强改正错误的决心和信心；而如果到处遭到冷遇、训斥，就可能产生自暴自弃、抗拒对立的心理。因此，情感激励是思想教育的一种有效方法。

（3）荣誉激励。对那些为学校作出贡献的个人和集体，以一定的形式或名义给予相应的荣誉称号，不仅能给先进人物和集体以鼓舞和鞭策的力量，而且可以为人们树立学习的榜样，指明努力的方向，产生比学赶帮的动力。评选"优秀教师""模范班主任""先进集体"等，只要实事求是，就能产生激励的效果，激发学校成员发挥更大的革命积极性。

3. 榜样示范法

榜样示范是指用他人良好、高尚的品质行为去教育、影响学校成员的一种方法。值得学习的英雄事迹和模范行为产生的教育力量是无穷的。这是因为：第一，榜样的思想品德具有完美性和典型性；第二，榜样的形象是生动具体的，有的就生活在学校成员的身旁，随时可以学习，能起到潜移默化的作用；第三，从榜样具体生动的思想行为中，学校成员可以形象地感受到和理解抽象的政治道德概念。

运用榜样示范的教育方法要注意几个问题。

（1）运用榜样，要明确学习的目的。无论哪种榜样，都要使学校成员明确应当学习什么？从什么地方做起？从而使榜样的形象成为激励学校成员的力量。

（2）运用榜样，要开展必要的活动，充分发挥榜样的作用，落实在学校成员的行动上。

（3）运用榜样，学校管理者要严于律己，作出示范，以身作则。所谓"其身正不令而行，其身不正虽令不从"就是这个道理。

4. 批评法

学校思想工作要坚持以正面教育为主，以表扬为主，但同时还必须辅之以批评直至惩罚的方法和手段。表扬、奖励，可以使学校成员获得自尊和荣誉需要的满足，还有利于形成良好的心理气氛，促成全体成员积极向上的心理定势。而批评、惩罚则可以削弱错误思想和行为的影响，并使之转到正确方面来。这种方法有助于学校成员提高明辨是非的能力，既教育本人——防止重犯，又教育大家——防患于未然。

运用批评法，需要注意的是：

（1）要实事求是，一分为二。要用分析的态度，区别不同性质的错误，分清不同的情节和程度。对人对事只有实事求是地公正评价，才能使人口服心服，增强改正错误的信心和决心，从而化消极因素为积极因素。在一定情况下，在肯定成绩的同时，委婉地批评错误及缺点，暗示地启发自我批评，往往能更好地达到否定错误的目的。

（2）要动之以情，晓之以理，导之以行。只要以诚相见，推心置腹，就能够使批评真正触动被批评者的感情。要充分说理，分析缺点及错误的性质、危害及其产生原因，启发被批评者改正错误的自觉性，引导被批评者向先进人物学习，以实际行动改正自己的错误及缺点。

第三章　学校管理的原则

学校管理原则是学校管理必须遵从的基本准则和要求。任何一位学校管理者，当他从事学校管理时，总会持有一定的观念，并用以指导自己的工作。我们将这种能指导管理者行为活动的观念概括化，就是管理原则。

在学校管理过程中，坚持一定的处理原则，可以达到以不变应万变的效果。学校管理是相当复杂的活动，要避免管理出现重大失误，提高工作效率，确立正确的学校管理原则显得非常必要。

第一节　学校管理的基本原则

原则是人们对客观规律主观认识的反映，是观察问题、处理问题的准绳。管理原理是在特定情况下管理工作可能有效的行为指导。学校管理原则是整个学校管理系统的结构和运转的基础，是学校中管人、理财、用物、处事的依据，是进行学校管理的基本要求。它是办学指导思想的反映，也是学校管理实践经验的概括。

一、学校管理原则的相关概念

1. 管理原则

所谓原则，是指观察问题、处理问题的准则。学校管理原则，是在学校管理的长期实践中概括出来的，是学校领导者在办学过程中所必须遵循的行动准则。

学校管理的理论和实践证明，在学校管理工作中，无论是目标管理、过程管理、全面质量管理，还是教师管理、教学管理、德育管理、体育卫生管理、总务后勤管理、美育管理、劳动技术管理、课外活动管理和学校教育科研管理，都离不开正确的学校管理原则的指导。

2. 管理原理

什么是管理原理？根据《教育管理词典》的解释，管理原理是："管理系统及其运动中存在的、不依人们意志为转移的客观规律。不能制订和制造，不能随意改变和废除，人们只能发现它，揭示它，认识它，运用它。因此，它有别于根据原理而制订的作为行为准则的原则。"这一解释明确告诉我们，管理原理是一个与管理规律等量齐观的概念，学校管理原则是根据管理原理提出来的，是管理原理的具体运用，是管理规律的反映。

与此同时，所谓原理，是指某一科学领域中具有普遍意义的根本规律。科学的原理以大量实践为基础，所以其正确性为实践所检验与确定。从科学的原理出发，可以推演出各种具体的定理、命题、原则等。现代科学管理的原理，是在对管理工作的对象、本质、过程、目的等进行系统的科学分析之后，从中得到的带有规律性的基本道理，它在管理领域中具有普遍的指导意义。掌握了管理原理，就能触类旁通、结合实际，创造出各种适合实际情况的高效的管理方法。

3. 管理观念

管理观念也叫管理观或管理理念，通俗地说，是指人们如何看待管理，如何认识管理，实际上就是人们的管理思想。管理者持有某种管理观念或管理思想，往往就用它来指导自己的管理，所以也有人把它当成管理指导思想。人的行为总是受思想支配的，没有正确的管理观念或思想，就不可能有正确的管理行为。但是管理观念或管理思想往往比较空泛，行为则是复杂而具体的，管理观念要有效地发挥作用就必须概括化，这种概括化的观念就是管理原则。由此可见，管理原则受管理观念的直接影响，有什么样的管理观念就有什么样的管理原则。要形成正确的管理原则，首先要形成正确的管理观念。

4. 管理理论

管理理论是人们通过某种形式表达出来的系统化的管理观点和主张。它反映了人们对管理规律的认识，它的目的是要阐明管理规律。管理原则和管理理论都是对管理活动理性思考的结果，管理原则是管理理论的一种特殊表现形式，是管理理论的重要组成部分。管理实践需要管理理论的指导，这种指导既包括向人们阐明"为什么"的说理式指导，也包括告诉人们"应该怎样"的应用式指导，管理原则主要属于后者。"应该怎样"必须建立在"为什么"的基础之上，只有充分阐明了"为什么"，"应该怎样"才立足更稳，才更有指导意义。

二、学校管理原则的特性

1. 多样性

学校管理原则的多样性主要有两个方面的含义，其一是指学校系统是一个立体结构，具有多维性，每一个方面的工作都不同于另一方面的工作，因而每一方面都需要有相应的行为准则来指导，所以管理原则决不是只有一个。其二是指同一种工作的管理原则可能有多种，甚至可能都是有效的。虽然管理规律只有一个，但是反映管理规律的具体原则可以有多个，只要它行之有效，就应允许它存在。

2. 系统性

学校管理原则的系统性是相对于多样性的横向角度，从整体上来说明学校管理原则的特性的。学校有不同方面和不同层次的管理，就有不同的管理原则，各种管理原则之间相互联系，形成学校管理原则的体系，覆盖学校管理的方方面面，既不能留下空白，也不能互相冲突。

3. 层次性

学校工作有不同层次，决定了指导学校管理的原则具有层次性。按照系统论的观点，学校是一个完整的系统，系统具有层次性。从工作的时间跨度看，有长期、中期、近期之分，从工作的范围方面看，有宏观、中观、微观之别。每一个层面各具特性，要保证管理的有效性，还要求管理原则必须具有针对性。

4. 主观性

主观性是指学校管理原则是学校管理实践经验的抽象化，是学校管理规律的主观反映。管理活动是客观的，管理规律也是客观存在的，但是管理原则并不是管理实践本身，更不等于管理规律。因为管理原则是对实践和规律认识的结果。认识有深有浅，有对有错，原则难免也会有科学的和不科学的。实践是无止境的，对规律的认识永远也不可能穷尽，只能逐步接近和深化。所以，不是所有来自管理实践或来自管理理论的原则都一定正确。管理原则是否合乎管理规律，必须接受实践的检验。

三、学校管理原则的现实意义

在学校管理工作中，管理原则起着指导管理行为的作用。一个学校的领导管理人员在实际管理工作中，都自觉不自觉地按一定原则去观察和处理学校中的各种问题。如果用正确的管理原则去处理问题，就有可能取得管理工作的成效，否则，就会影响学校管理的效能。

不同的做法反映了校长管理学校的指导思想，即管理原则。在实际工作中我们也会发现不少学校的校长主观上都很想把学校工作搞好，但总是成效不大。究其原因，固然有领导自身问题，也有客观条件问题，但与他奉行的管理原则也有很大的关系。

事实表明无论是学校管理目标的决定，管理过程的运行，管理体制的建立，还是管理方法、途径的选择和运用，都与他所奉行的管理原则有很大关系。学校管理工作只有在正确的原则指导下才能进行有效的管理，不断提高管理质量，实现学校管理目标。

原则是重要的，但原则的运用又是灵活的，问题的关键是要懂得使用它。正如管理学家法约尔所说："原则就像灯塔的光芒一样，只是指引那些认识自己的目的地而行进的人。一项原则若没有实现的具体办法，就没有一点儿作用。"

第二节　质量管理原则

学校管理工作中，质量管理原则主要体现在以教学为中心的全面的质量管理，即指学校的管理工作，既要突出教学工作的管理，又要全面安排各项工作，加强对影响教育质量的各方面工作的管理，处理好整体与中心的关系。这一原则反映了对立统一法则和事物普遍联系的规律，它指导我们正确处理学校管理工作中整体和局部、主要矛盾和次要矛盾、矛盾主要方面和次要方面等各种错综复杂的关系。

一、质量管理原则的含义

学校管理活动中，坚持以教学为中心，进行全面的质量管理原则，从教育学角度看是如何全面贯彻教育方针，全面提高教育质量的问题；从管理科学的系统原则来说，则是一个如何处理好整体与中心的关系问题。所谓系统，是由相互作用和相互依赖的若干组成部分结合而成的具有特定功能的有机整体，而且这个系统本身又是它所属的一个更大系统的组成部分。系统原则要求我们在管理时，必须有全局观念，必须有一个系统的统筹规划，必须有一个考虑了尽可能多的诸因素的管理模式。

结合学校管理的特点，把学校看作一个系统，学校管理工作必须面向全局，着眼于全面贯彻教育方针，注意影响学校教育质量的各种因素的关联性，从总体上进行综合部署，以便实现提高教育质量、办好学校的目的。

学校的工作是多方面的，有教学工作、思想政治工作、体育卫生工作、后勤总务工作，等等。这些工作互相依存，共同影响着学校工作的质量。因此，部署学校工作时，必须全面安排，使之协同活动。但是，学校各项工作中，处于中心地位的是教学，中小学应以教学为主。管理学校一定要以教学为中心，这是学校作为一个系统与其他系统相比的特性所在。在学校中有许多必要的和重要的工作，但相比之下，教学处于中心地位，而其他各项工作则是为它服务的，是保证它顺利完成的。

二、质量管理原则的确立

学校管理工作中的质量管理就是要使全体学生在德、智、体、美、劳几方面都得到全面的发展。一是要面向全体学生，保证全体学生德、智、体等几方面有所提高、有所发展；一是要坚持以全面发展的质量观来衡量学校的工作和学生的质量。

1. 坚持智育管理

中小学教育是基础教育。中小学设置的课程都是将来学习某一专业、攀登科学高峰所必须掌握的基础知识，也是一个生活在现代社会中的人应该具备的文化素养。因此，中小学领导干部在教学管理中对各科教学都应该重视。

2. 坚持全面管理

开展学校工作的质量管理，要坚持德、智、体、美、劳一起抓。德、智、体、美、劳等方面的工作要统筹安排，不能顾此失彼。要使它们互相渗透、互相促进；思想政治教育要渗透到教学工作中去，使之有助于学生明确学习目的、端正学习态度、改革学习方法，增强克服困难的信心与毅力；各科教学要注意发挥其本身的教育性，并为学生觉悟的提高、品德的形成提供知识基础；体育工作要注意发挥其在锻炼学生意志、培养学生品德方面的独特作用，并保证学生能以健康的体魄和充沛的精力从事艰苦的学习。

3. 坚持全面发展

质量管理原则的确立要求学校管理工作者做到：低年级坚持全面发展，毕业班也要坚持全面发展，要在进行素质教育全面提高教育质量的基础上提高升学率，要从德、智、体、美、劳等方面来衡量毕业生的质量，不能通过在毕业班加班加点搞突击的办法单纯追求升学率，以致影响了思想政治教育的正常进行和学生身体的健康。

三、质量管理原则的实施标准

实行质量管理，要有明确的质量标准。没有标准，谈不上质量管理。实行质量管理就是要保证达到一定的质量标准。

质量标准有两种体现形式。一是学生的要求质量，二是教职工的工作质量要求。学生的质量要求，在国家制订的教学计划中对中小学生的培养目标有明确的规定，但这只是总的任务和要求，还必须根据这一总任务要求规定出具体的标准。

德育方面，主要是以德育大纲要求为标准。学校可据此按不同的阶段、不同的年级分别提出进一步具体化的标准。

在智育方面，质量标准主要体现在各科教学大纲之中。教学大纲规定了各年级学生的知识范围、程度、技能和技巧等。目前的教学大纲对各年级学生智力发展水平的基本要求体现得还不清晰、不系统，有待研究和完善。总的要求是使大纲能更好地体现知识、技能、智力等方面的要求。教师要依据大纲从对教材的教学单元直到每一章节的内容都明确学生掌握知识的广度、深度以及智力、能力方面的要求。

在体育方面，可根据体育教学大纲、《国家体育锻炼标准》和原教育部、卫生部颁发的《学校体育工作条例》和《学校卫生工作条例》有关规定，从学校的实际出发对学生的体质、体力和防止近视眼、常见病等方面提出具体指标。

教职工的工作质量要求，其标准往往通过制订各种制度体现出来的。学校各部门的工作分工不同，每个成员所担负的任务不同。而每项工作开展过程中不同阶段的要求也有不同。为了保证学校整体目标的全面实现，还必须确立各项工作和各个环节的具体质量标准。诸如"班主任工作的要求""一堂好课的标准""各科作业处理规格"以及"各部门工作管理细则"等等。

各方面的工作有标准，就可以做到有章可循、有案可查，也便于积累工作经验，探索管理工作的规律。而且有了质量标准可使学校工作规范化，简化管理工作，达到提高效率的目的。

与此同时，在学校全部工作中，教学处于中心地位，但决不是"唯一"的工作。学校领导管理人员应该全面安排和协调学校各项工作。因为要完成培养目标的任务除抓好教学工作外，还必须通过思想政治工作、体育卫生工作、生产劳动、课外活动等多种途径才有可能。教学工作如果没有其他工作的配合和支持，要取得好的成效也是不可能的。所以学校领导管理人员必须全面安排学校的各项工作，注意影响教育质量的各种因素的协调，决不应只抓教学管理而忘掉学校中的其他工作。这就要在学校人力组织安排上，在财力、物力的使用上，在各种工作关系上全面安排协调好。

第三节　民主管理原则

学校管理工作中的民主管理原则，是指学校领导要充分发扬民主作风，调动全校师生员工的积极性和创造性，共同参与学校的管理工作；依靠群众的智慧和力量，把学校办好、管好。这是学校领导的主导性与全体成员的主动性、积极性、创造性相统一规律的客观反映，也是由我国的社会主义政治制度所决定的。

一、民主管理原则的含义

民主管理学校，是由学校的社会主义性质决定的。列宁说过："不实现民主，社会主义就不能实现。"邓小平在 1979 年 3 月党的理论工作务虚会上指出："没有民主就没有社会主义，就没有社会主义的现代化。"这都说明要实现社会主义现代化就必须有民主。社会主义学校，是人民的教育事业，学校的师生员工是学校的主人，管理学校，要发挥师生员工的当家作主精神，同心协力，这样才能把学校办好。

学校的教职工，既是管理的对象，又是管理的主体。学校的教职工有权审议学校的重大管理措施；有权监督干部正确执行国家的路线、方针、政策；有权对学校工作提出批评建议。实行民主管理，能切实保障教职工当家作主的地位和权力。

依靠教职工办学，实行民主管理，是贯彻群众路线，发挥群众智慧和积极性的有效方法。任何有才干的领导和管理人员，其个人智慧与群众智慧比起来，总是微不足道的。要使自己的领导管理工作正确有效，就要善于执行群众路线。脱离群众，不善于倾听教职工的意见，是不可能把学校办好的。

二、树立民主管理的观念

学校管理工作者在实施民主管理的过程中，首要任务是树立完善的民主管理观念，依靠以教师为主的核心观念，把教师真正当作学校的主人，真心实意依靠教师办学。因此，在管理过程中，学校领导要力争做到以下几点：

首先，学校管理者要提高管理的透明度，凡是与教职工切身利益相关的事，教师有知情权，凡是与学校利益相关的事，教师也有知情权。

其次，教师不应仅仅是学校管理的对象，或是学校管理的旁观者，而应该是学校管理的实际参与者。这种参与不是取代校长行使决策权，而是充分发表意见，为学校工作出谋划策。

第三，实施分权管理。学校最高行政决策权掌握在校长手中，但是具体工作的执行权、监督权应尽可能下放给教师。这样做不仅可以体现对教师的信任和尊重，同样可以为校长分忧，使学校全体领导和教师形成责任共同体。

此外，学校开展任何重大活动，应尽可能取得教师的理解和支持，凡是多数教师强烈要求做的事，只要合理合法，就应尽可能做到；得不到多数教师赞同的事，就不应强制推行。

三、民主管理原则实施的基本要求

1. 依靠教师

在学校系统中，教师是一支重要的力量。学校育人，需要学校各类人员的共同努力，而主要和直接的工作则是由教师进行的。邓小平同志说："一个学校能不能为无产阶级培养合格的人才，培养德智体全面发展、有社会主义觉悟的有文化的劳动者，关键在教师。"

教师是进行学校教育工作的专门队伍，是办好学校的可依靠力量。他们有觉悟、有知识、有能力，了解学校工作，熟悉教学业务，他们的工作状况决定着学校教育工作的质量。一个学校能否培养合格人才，关键在教师。学校的培养目标、教学计划、教学大纲都要通过教师的教学实践去实现。在学校教育和教学的过程中，教师起着主导作用。因此，学校领导必须树立依靠教师办学的思想，学校大事要和教师商量，虚心向有经验的教师请教，对教育教学的业务问题，更要尊重教师的意见，发扬教学民主，为学校民主管理活动打下坚实的基础。

与此同时，相信教师、依靠教师，是学校工作的特点。相信教师、依靠教师，首先必须正确认识和实际承认教师的崇高地位，必须深入研究和切实掌握教师劳动的性质和特点。其次，在正确认识教师心理特点的基础上，依靠教师做好学校工作。再次，学校领导者要针对教师的不同情况，提出不同的要求，压不同的担子，充分发挥每一个教师的作用，为办好学校出力。

2. 民主办校

我们的学校是社会主义的学校，是人民的学校，让广大的教职工参与管理，才能够增强他们的主人翁感，增强他们的责任心。没有学校管理的民主化，这个学校是办不好的。同时，教职工是学校的主人，管理学校是教职工的基本权利。在学校管理工作中，管理监督的上、下结合是非常必要的。为了实现学校管理的民主化，有必要强调群众性的检查监督，给广大教职员工监督学校工作的权力。很多学校坚持实行"教代会"或"职代会"制度，给教职员工对学校工作的审议权、监督权，我们认为是好的。

学校管理不只是领导干部和行政人员的事，教师和学生也要参与管理；学校管理也不只是管理学生、管理教师，学校领导和行政干部也要接受监督。发动师生员工实行全员管理，这是我国社会主义学校管理的一大特点和一大优越性。所以，学校领导必须全心全意依靠全校师生员工管理学校，真正把广大教职员工当作学校的主人。学校的大事都要和教职员工商量，虚心向有经验的教职员工请教。

此外，要提高教师的参与意识，调动教师参与管理学校工作的积极性；要发挥教师的主人翁作用，增强参与学校管理的责任感，在办学方向、制订学校教育改革与发展规划上，在学校管理的各个环节上，在教学全面质量管理和教学研究问题上，吸引他们积极参与管理，积极出谋献策。

3. 统一民主与集中

我们强调民主管理，并不意味不需要领导的集中统一指挥。必须坚持民主集中制的原则，学校领导既要依靠群众，又要领导群众。要把向群众学习与教育群众结合起来，统一起来，既要反对主观主义、命令主义，又要反对自由主义、尾巴主义。实行民主管理的关键是领导要有一个民主的作风，善于听取各方面的好意见、好办法来改进自己的领导工作。

与此同时，民主管理学校，要有制度来保证。目前在这方面的主要做法有：建立教职工代表大会制；民主选举学校领导管理人员；吸收教工参加校内各种委员会，领导小组；定期召开座谈会听取教职工意见等等。

第四节　效益性原则

效益，即管理活动的社会效果与价值，是管理的质的表现。学校管理工作中的效益性原则，就是强调以效益为主，学校管理要把学校活动结果对社会的作用，作为衡量学校管理好坏的最终标准和追求目标。

一、效益性原则的含义

在学校管理活动中，实行效益性原则是指学校管理工作要在正确的思想和目标指引下，合理利用学校的人力、物力、财力等资源，使有限的资源充分发挥作用，高质量、高效率地实现培养目标，完成学校教育的任务，取得高效益。

同时，在学校管理工作中实行效益性原则，是由学校管理目的所决定的。学校工作可以分为教育教学工作和管理工作两大方面，其共同的目的都是为了培养高素质的人才。教育教学工作是学校工作的根本，管理工作是为教育教学工作保驾护航的工作，是为提高教育教学的质量和效益而开展的。任何管理工作都是为了以最少的投入换取最大的收益，如果不追求效益，那么就可以不要管理。

二、效益性原则的相关理念

1. 效益与效率

效率通常是指劳动成果与劳动付出之间的比例关系，可以作定量分析与对比，有高低之分。效益则是有效产出与其投入之间的一种比值关系，可以从经济和社会两个方面进行考察，即经济效益和社会效益。但通常相对于效率而言的效益，主要是指社会效益，即劳动成果对社会的作用和价值，一般只能作定性分析，有好坏之别。效率是效益的基础，没有效率就没有效益，但是，效率高不一定效益就好。效益是量与质的统一，效率与效果的统一，学校管理必须把效率作为追求的直接目标，把效益作为追求的终极目的。

2. 学校效益与社会效益

一般而言，两者应该是一致的。要保持学校效益与社会效益一致，学校必须把社会的期望作为自己努力的方向。

3. 经济效益与社会效益

经济效益主要指劳动成果所换得的经济回报，效率高且换得的经济回报高，经济效益就高；无论效率高低，没有较高的经济回报，就谈不上经济效益。社会效益是劳动成果的社会评价，就理想的状态而言，经济效益应该与社会效益成正比，但是也存在经济效益低而社会效益好和经济效益高而社会效益不好的现象。经济效益是社会效益的基础，社会效益又可以促进经济效益。经济效益较社会效益直接、明显，可以用某些经济指标加以衡量，而社会效益则难以具体评估，只能借助于一些间接指标来考察。在经济领域中，管理效益的直接形态是通过经济效益得以表现的，而在教育领域中，管理效益的直接形态是以社会效益得以表现的，所以学校管理不仅要讲经济效益，更要讲社会效益。

三、效益性原则实施的基本要求

1. 坚持以提高教育质量为本

衡量学校效益的根本标准，是育人的数量和质量。我们在发展数量的同时，一定要强调提高教育质量，培养出符合社会要求的全面发展的人才，为高一级学校输送合格的新生，为社会培养各种人才。培养的学生质量不高，不受社会欢迎，就根本谈不上什么效益，只有培养数量足够、质量合格的学生，才能体现学校工作的效益。

同时，学校管理要想产生高效益，必须以质量为本，没有质量就没有真正效益。学校管理的质量可以从学校教育质量中得到反映，学校教育质量最终体现为学生质量，教育的效益是通过学生走上社会以后所创造的业绩来体现的。学校以质量为本就是要培养有创造业绩能力的学生。

坚持以质量为本，一要强调全员抓质量，学校每个成员要做好本职工作，把好自己的工作质量关，不要以为抓质量仅仅是管理者的事；二要注意全程抓质量，要把好管理过程每一个环节的质量关，不要以为抓质量仅仅是最后一个环节的事。三要注意全面抓质量，即学校工作的方方面面、事事处处都要以质量为重。学校是一个完整的系统，系统内部的构成要素彼此存在千丝万缕的联系，一方面工作不到位，方方面面都要受影响。

2. 合理高效利用资源

学校管理工作的效益性原则要求管理者能够合理高效地利用人力、财力、物力、时间等资源。

提高人力的使用效益，首先是要发挥人的主动性、积极性。要用人之所长，鼓励创新，表彰先进，增强责任感；其次是要合理定编、按岗定人，合理安排每一个教职工的工作，充分发挥人的作用。

提高财力物力的使用效益，要厉行节约，反对浪费。对学校的经费开支要精打细算，把钱用到最需要的地方去，少花钱，多办事，用了钱，办好事，这是用钱的重要原则。同时，经费支出必须严格遵守国家的财经制度。对学校的物资设备要加强管理，提高设备利用率，保证物尽其用。在日常生活管理中也要注意节约，如节约煤、粮、水、电等。基建中要贯彻经济实用、适当注意美观的原则，使学校建筑坚固适用。但要注意过分简陋，缺乏长远打算的偏向，否则也会造成浪费。厉行节约，必须实事求是，那种片面强调节约以致使教学上需要而又应该购置的图书、仪器都不购置，不应削减的而削减，因而影响教学的做法是不对的。

合理有效的使用时间，就是要增强时间观念，加强工作的计划性，科学利用时间，避免无谓的耗费。

3. 力争经济效益最优化

经济效益最优化是指在学校管理中，力求用最少的人力、物力、财力、时间，获得最大的效果，力争一切工作的最优化和高效性。最优化不是部分最优化，而是整体最优化。

以时间的效益最优化为例，时间是学校管理工作中的重要因素，对于一个学校管理者来说，时间就是效率，时间就是教育质量。科学地支配时间，才能取得学校管理的高效率。

在时间的支配上，要提高对时间这一要素的认识，考虑时间的使用价值，科学地支配时间，避免无谓的耗费。

第五节　激励性原则

学校管理工作中的激励性原则，是指在管理过程中，管理者选择任何管理方法都要秉着一个宗旨，即激励人的工作行为，而不是相反。学校管理方法多种多样，不同的方法可以产生不同的效果，同一种方法运用是否得当，激励的效果也大不一样。管理者在不同的管理观念支配下，总会有选择地采用某些方法。管理方法的选择和运用，既体现管理者的管理思想，也反映管理者的管理能力。

一、激励性原则的含义

学校管理活动中，管理者采用激励性原则开展管理活动主要是由学校自身的特点决定的。

首先，和企业相比，学校是典型的人——人系统，企业是典型的人——机系统。机器没有感情，不会闹情绪，不存在工作积极性的问题，人的情绪对机器的运作影响也不大。学校管理者、教育者、教育对象都是人，教师的工作积极性在很大程度上受制于管理者，学生的学习积极性在很大程度上取决于教师的工作积极性。管理者的管理方式无论是否得法，都会产生连锁反应，直接影响育人产品的质量。

其次，学校是专门的教育场所，学校除了教给学生知识，还要开发他们的智能，培养他们的道德情操和健全人格，这就需要营造一种和谐、宽松、积极向上的育人环境，专横、冷漠的管理方式不可能产生积极的教育效应。所以，唯有激励，才能使教师乐教，学生乐学，才能使学校成为教育的乐园。

此外，激励性原则也是由人的行为活动本质决定的。心理学的研究表明，人的任何行为都是以追求需要的满足为目的，需要是人的行为积极性的源泉，没有需要就没有人的行为。人的需要多种多样，满足需要的目标也无处不在，组织的任务与个人的需要往往风马牛不相及。如何把个人追求自我满足的行为引导到组织的任务上来，这是人力资源能否被组织利用的关键。管理者必须精心设置组织目标，使之既能满足个人需要，又能实现组织的最终目的。行为科学对激励所下的定义是"为达到预定目的而作出的事先安排"，它准确地揭示了激励的本质特征。

二、激励教职工的基本方法

1. 政治思想激励法

学校管理工作中的激励性原则以充分调动教职工的积极性为保证，积极性来自教职工的精神需要和物质需要，满足教职工的合理需求是激励教职工积极性的有效手段。因此，调动教职工积极性，必须使每一个教职工有一股动力朝着共同的目标努力。这种动力包括三个方面：内在动力，外界压力，吸引力。

内在动力：它来自于正确的人生观、世界观和主人翁精神。这是教职工工作积极性的决定因素。有了足够的内在动力，就能士气高昂，干劲十足，工作努力。这是一种十分重要的精神力量。

外界压力：指的是有形或无形地施加于人们身上的一种力量，它迫使人们前进，比如批评、惩罚、竞赛等都是一种压力。

吸引力：当目标符合人们的愿望，并有实现的可能，这就会产生一定的吸引力。这种力量一旦形成就会吸引人不断地向目标前进。学校管理中的表扬、奖励、荣誉都是一种吸引力。

在三个方面的动力中，最重要的是内在动力，只有内在动力才能自觉地、持久地保持积极性。要调动教职工积极性，首先要重视培养内在动力，不断地保持充足的内在动力。这就要靠深入、细致、持久地做好思想教育工作。

在思想政治推动过程中，"动之以情"是手段，"晓之以理"是关键，促进转化是目的。因此，要敢于用大道理管小道理，要确保抓好师教教育、职业道德教育和组织纪律教育等。

2. 人际关系推动法

教工在工作、学习和社会生活的过程中相互之间结成了各种人际关系。良好的人际关系中蕴藏着巨大的积极推动力，同时良好的人际关系的标志应当是彼此心理保持平衡，心理相容，为实现共同目标，相互支持，相互学习。为此，学校领导必须经常把握教工的情绪和表现，要察言观色，坚持谈心家访，做到情绪低落必谈，同志纠纷必谈，批评处分必谈，遇到困难必谈，工作调动必谈，家庭纠纷必访等。

同时，必须确立群体的规范，建立必要的规章制度，严格执行纪律，广泛开展比、学、赶、帮，造成一种压力，形成一种你追我赶的局面。

三、激励性原则的要求

1. 合理进行思想教育

思想教育方法是一种有效的激励方法，因为它具有启发性，可以使人明是非，通情理，无论教师的需要是否得到满足，思想教育都不可少。需要注意的是：第一，切忌假、大、空，思想教育应与解决教师的实际问题结合起来。第二，切忌简单粗暴，强迫接受。思想教育的效果比较慢，要以理服人，以情动人，要给教师思考转化的时间，要允许保留不同意见。第三，切忌言行不一，说一套，做一套。管理者身教重于言教，要求教师做到的，自己应首先做到，一个实实在在的行动，胜过空洞的说教。

2. 切实满足教职工需求

人的积极性的源泉是人的需要，要调动人的积极性，必须从满足人的需要入手。人的需要千差万别，而校长手中的资源相当有限，要想使有限的资源发挥无限的作用，必须注意以下几点：第一，了解教师的主导需要。所谓主导需要，即对人的行为起主要支配作用的需要。在一定时期之内，人的主导需要总是有限的，满足起来比较容易，对调动教师的工作积极性可以起到事半功倍的作用。第二，注意物质激励和精神激励并重。教师既有物质需要，也有精神需要，二者的满足不可偏废。只重物质激励，漠视精神激励，容易导致人只顾眼前的物质利益；只重精神激励，无视物质需要，人的精神也不可能维持多久。第三，注意公平。对于需要的满足，不患寡而患不均，不公平的满足往往比不满足的效果更糟。

3. 构建和谐人际关系

心理学知识告诉我们，领导功能是通过人际关系实现的。可见领导工作的成败，在很大程度上与人际关系有关。和谐的人际关系有利于信息的交流和情感的沟通，满足彼此的心理需要；有利于形成团结的集体，上下一心，群策群力，减少内耗，提高工作效率；有利于创建良好的育人环境。和谐的学校人际关系要求学校管理者做到下面几点：第一，尊重师生员工，关心他们的疾苦。第二，注意感情投资，真正与师生员工结成知己。第三，注意保持学校人际关系的纯洁性，避免庸俗的人际关系污染学校的育人环境。

4. 制订有效的规章制度

学校规章制度是为师生员工确立的行为规范，任何规范都具有一定的约束性，学校规章制度也不例外。但是，只有约束性而没有激励性的规章制度，决不是好制度。传统的规章制度比较注重它的约束性，现代管理制度则强调二者并重。怎样使学校规章制度具有激励性呢？第一，让师生员工参与学校规章制度的制订，把学校的要求变成师生员工的自我要求，遵守规章制度就是履行自己的承诺。这样，外部的约束就变成了个人内在的激励。第二，规章制度的内容要求要合理，要充分考虑学校的实际情况，既有利于学校工作，又能保护师生员工的利益。不合实际的规章制度是无法执行的，也就没有激励性可言。要注意定期修改，抛弃那些扼杀师生员工积极性的内容。第三，规章制度一旦制订，就应严格执行。赏罚分明，不徇私情，这样才真正可以化约束性为激励性。

第四章　学校人员管理

学校作为培养人才的摇篮，不同于其他企事业单位和社会，它是为学生的成长和未来事业奠定良好品德及文化科学知识的第一基础阵地。因此，开展合理有效的学校人员管理活动，对于教学质量的提高以及教育目标的实现具有重要作用。

第一节　校长的自我管理

学校教育目标的实现，要由校长通过计划、组织、指挥、协调、控制等活动去达到。作为处于中小学领导地位的校长，首先要拥有履行职务的法定权力，这种权力来自组织机构正式授予他的法定地位。在学校内部，校长拥有最高的指挥权力，这是他履行校长职务所需要的，称为职权；其次，校长作为领导者，就有校长的责任，责任是职务所要求的。因此，校长能否进行严格的自我管理，是学校管理目标能否顺利实现的重要保证。

一、校长的素质修养

1. 政治思想素养

首先，校长作为学校管理人员，要具有坚定正确的政治方向和较高的政治理论、政策水平。这是因为，我们的学校是社会主义性质的学校，要使学校工作具有正确的政治方向，校长就要具有一定的马克思主义理论修养，能努力运用马克思主义的立场、观点和方法指导学校工作；只有具有较高的政治思想水平，才能正确分析处理学校工作中的各种关系，解决工作中的问题。

其次，政治思想素养是校长必须具备的最根本的素养。我们的社会制度和奋斗目标，我们的教育方针和所需要的合格人才，都要求校长具有良好的政治素养。只有这样，校长才能坚定地贯彻执行党的方针政策，带领师生坚持社会主义的办学方向。

此外，要有高尚的共产主义道德品质与崇高的精神境界。这不仅是个人修养所必需，也是作为师生的表率所必需的。因此，应该努力做到：大公无私、先人后己；一切从事业出发，不谋私利，不搞特殊，把群众利益放在首位；豁达大度、胸怀坦荡，对同志满腔热忱，赤诚相待，不计较个人恩怨，不因触犯自己而耿耿于怀，不文过饰非，隐瞒自己的缺点；谦虚谨慎，不骄不躁，平易近人，虚心听取群众意见，永不满足现状；不主观臆断，凡事三思而行；严予责己，宽以待人，品行端正，作风正派，言行规范，举止大方，仪表整洁，态度和蔼，对人尊重，力戒轻浮粗野。

2. 业务素养

校长的业务素养，应当由这样三个部分构成：（1）校长的文化程度和专门学科知识；（2）校长的教育理论水平；（3）校长的实际管理才能。校长具有完善的业务素养，这三者是缺一不可的。

在文化程度上，要有较广博的文化科学知识。这个广博，不只在某个学科范围内，而且对各门学科，都能有所了解，还要系统地教过、研究过一两门课程，如果没有上过课，又不熟悉任何一门课程的教学，要当好校长是很困难的。在教育理论方面，学习过教育学、心理学、管理学，懂得教育规律，并有开展教育科研的实际经验和能力；在实际管理能力方面，要有较强的组织能力，有分析问题以及解决问题的能力，知人善任、调动广大师生积极性的能力等。

与此同时，校长应具备的业务素养要包括良好的计划决策以及组织指挥能力。

计划决策能力是指提出计划、方案、方法等方面的能力。决策才能是现代领导管理人员必备的条件。决策才能是指在复杂的条件下，从许多个为达到同一目标而可以更换代替的行动方案中选定最优方案的才能。决策才能是下述能力的表现：（1）分析能力，善于了解存在问题的症结，能透过现象把握本质，抓住关键；（2）逻辑思考能力，把握因果关系，有预见性；（3）创新能力，能提出新见解、新办法，不墨守成规；（4）直觉的判断能力，在无法商讨时，靠直觉判断能力作出决定；（5）决断的勇气，敢想敢干，不怕挫折，不优柔寡断，敢于承担责任。

组织指挥能力主要体现在：（1）审识能力，学校领导者为了充分调动人的积极性，应该对干部、教师及其工作有鉴别评审能力，能做到知人善任，提高工作效能。（2）协调沟通能力，学校计划的实施需要各部门、各系统、各种人员的共同努力，通力合作。（3）科学安排工作、实施工作的能力。

3. 道德及身心素养

校长的道德修养应包括：（1）廉洁奉公，为人师表，以身作则；（2）热爱教育事业，为培养人才、办好学校尽心尽力；（3）作风民主，注意团结一切可以团结的人一起工作。

道德素养与政治素养是紧密相联、相辅相成的。校长是"教师的教师"，是师生的楷模，应当像陶行知先生那样"捧着一颗心来，不带半根草去"，具有崇高的道德风尚和无私的献身精神。

同时，校长还应具备强健的体魄，旺盛的精力；有明确的动机，广泛的兴趣，热烈的情感，坚强的意志，独立的性格；头脑冷静，能自我克制，自信果断，豁达大度，充满活力等。

二、校长的工作作风

1. 民主的作风

实行集体领导，调动群众的积极性都离不开民主，民主是发挥群众智慧、密切联系群众的手段，是促使领导正确的有力保证。

民主作风主要表现是：（1）有参加讨论的雅量。即讨论问题能心平静气，遇到与自己不同的意见，亦能虚心倾听，不要意见不合就发脾气，结成冤家。（2）有服从多数的习惯。讨论的时候尽管知无不言，言无不尽，甚至作热烈的讨论，但一经多数通过，即须服从决议。（3）有集体责任的认识。任何事一经集体领导决定，任何参加者都须共同负责，即所谓集体责任。

民主作风要求领导者有宽容精神。因为一个领导者工作再出色，也会有人不满意，有意见的。对群众的意见、议论不要斤斤计较。况且通过群众的反映还可以获得更多的信息，做到"兼听则明"，知道自己的不足，便于改进。

2. 调查研究的作风

调查研究是领导的基本工作方法，调查研究就是了解与分析情况，探索、寻求规律的过程。它是做好工作，提高工作效率的前提，也是学校领导管理人员由外行变内行的必由之路。没有调查研究就作不出正确的计划决策，也不可能正确地指挥、调度，这就势必出现瞎指挥的情况，招致损失。

调查研究需要作现场观察，深入班、组和各有关部门。在情况未调查清楚，对问题未作认真研究之前，不要作现场指示。因为如果是小问题，应由有关部门负责人去解决，领导可督促有关部门负责人去解决，但决不应干扰管理的层次；如果是大问题，在没有经过全面的深思熟虑，没有经过领导班子集体讨论研究，个人的现场决定是很不慎重的。

调查研究不要停留在"长官巡视"的一般现场观察。调查必须力求掌握系统的、准确的数据统计。不要满足于听几个人的汇报，而是要真正与被调查者开展议论、评价，以找出解决问题的有效措施来。

3. 自我批评的作风

自我批评是党的优良传统和作风。由于客观情况的变化复杂，新情况、新问题不断出现，工作失误的可能性增多，这就特别要求领导有自我批评的作风，有勇于承担责任的精神，这样才能使集体领导得以巩固和发展，才能保持与群众的良好关系。没有自我批评的领导者是不可能团结群众的，因而工作也难以取得进展，甚至有可能使整个集体陷于瓦解。

三、校长的职责

所谓校长的职责，是担任校长这一职务的人应负的责任和工作范围。在实行校长负责制后，校长在学校中的地位和作用有了进一步的提高。但校长的职务带来了什么责任，校长应该做些什么工作，这是需要明确的。只有明确了校长的职责才能正确实行校长负责制，才能为提高校长工作效能打好基础。明确校长的主要职责，既是管理学上的"职权责一致"原则所要求的，也是现实工作的迫切需要。

首先，全面贯彻执行党和国家的教育方针、政策、法规，自觉抵制各种违反教育方针、政策、法规的倾向。坚持社会主义办学方向，努力培养德、智、体、美、劳全面发展的社会主义事业的建设者和接班人。按教育规律办学，不断提高教育质量。

其次，认真执行党的知识分子政策和干部政策，团结、依靠教职员工。组织教师学习政治与钻研业务，使之不断提高政治思想、职业道德、文化业务水平及教育教学能力，注意培养班主任、中青年教师和业务骨干，努力建设高素质的教师队伍。依靠党组织，积极做好教师和职工的思想政治工作，自觉接受党组织的监督。充分发扬民主，重视教职工代表大会在学校管理中的重要作用，注意发挥广大教师和职工工作的主动性、积极性和创造性。

同时，全面主持学校工作，主要包括：领导和组织教育工作；领导和组织教学工作；领导和组织体育卫生、美育、带动教育工作及课外教育活动；领导和组织总务工作；配合党组织，支持和指挥群众组织开展工作。

此外，发挥学校教育的主导作用，努力促进学校教育、家庭教育、社会教育的协调一致、相互配合，形成良好的育人环境。

四、校长职责的履行

1. 坚持正确的办学方向

校长的第一条重要职责，是要坚持正确的办学方向。把坚持正确的办学方向规定为校长的主要职责，是我国校长职责的重要特色，它体现了教育性质所提出的必然要求。这一职责包含了全面贯彻教育方针法规，培养全面发展的社会主义事业的建设者和接班人、遵循教育规律、提高教育质量等三方面的内容。作为一个校长必须在上述三方面努力并且取得好的成就才算尽到了对国家、对人民、对学生的责任。那种办学方向不明、为教育而教育的思想和做法都是错误的。如果校长在上述三方面贯彻不力，应看作是一种失职，应追究一定的责任。

2. 建设良好的教师队伍

办好学校，教师队伍建设是一个关键问题。正如邓小平指出的"一个学校能不能为社会主义建设培养合格人才，培养德智体全面发展的、有社会主义觉悟的有文化的劳动者，关键在教师"。所以，在学校管理工作中，抓好教师队伍这一环，就是抓住了学校管理工作的关键。校长应认识到，建设一支高素质的教师队伍的重要性。实践证明，只有通过校长的艰苦努力，认真考察、培训学校教师队伍，才能建设好教师队伍，全面提高教师队伍的整体素质。

3. 主持学校的全面工作

学校管理的事业工作主要包括德育工作，教学工作，体育、卫生、美育、劳动教育工作及课外教育活动和总务工作，群众组织工作等等。校长要主持学校的全面工作，是由中小学实行校长负责制的领导体制所决定的，是校长作为学校行政负责人的地位所要求的。

4. 创建和谐的校园环境

校长的第四条主要职责的履行，是校长要发挥学校教育的主导作用，创造一个良好的育人环境。学校教育、社会教育、家庭教育在学生的成长发展中都起着重要作用，但它们对学生的教育影响程度各不相同。和谐的校园环境在学生的成长阶段具有重要意义，不仅为学生的学习生活提供了一个良好的场所还为学生的健康成长提供了有利的环境。

第二节　领导班子的建设及管理技巧

学校教育要全面贯彻教育方针，实现教育目标，必须要有一个有战斗力的指挥系统。学校领导班子就是这个指挥系统的司令部。组成领导班子的合理结构本身就是办好学校的一项最现实的管理措施。学校领导班子中每个成员个体结构要优化，由每个个体组成的班子整个结构应合理，同时，要有科学化管理技巧，这样，学校整体工作才能高效率运转。

一、领导班子的合理构建

1. 专业结构

专业结构是指领导班子中，按其专业与职能的不同，形成一个合理的结构比例。例如，在学校领导人员中需要有长于做思想政治工作的，有长于教学管理的，有长于总务后勤工作管理的；领导管理教学工作的人员既要有长于文科的，也要有长于理科、体艺科的。但是，领导要真正成为内行，光有专业技术还不够，还必须有管理科学的知识，懂得按管理学的理论来指导某一方面的管理工作。所以领导班子的成员必须有管理的知识和经验。

2. 人员结构

学校领导班子的人员组织结构建设通常有两方面要点：一是领导班子人员的职务配备。我国中小学的领导班子成员一般由正副校长、正副党支部书记、正副教导主任、正副总务主任等人员组成。二是领导班子人员数量。这要由学校规模大小来决定。在完全小学，一般是正副校长各1人，教导主任1～2人，总务主任1人；大型的小学还有党支部书记1人。在中学，大型学校（20个班以上，完中）是校长1人，支部书记1人，副校长1～2人，正副教导主任2～3人，正副总务主任人1～2人；中型学校（15～20个班）校长1人，支部书记1人，副校长1人，正副教导主任1～2人，总务主任1人；在小型学校（15个班以下）校长1人，支部书记1人，正副教导主任1～2人，总务主任1人。班子成员过多过少都是不适宜的。

3. 年龄结构

年龄结构是指把不同年龄的人最佳地组合起来，即要有合理的老、中、青比例。一般说应以中青年为主，不少于总数的一半；老青兼有，青略多于老。不同年龄的人具有不同的经验、智力和心理状态。年长的同志阅历深，经验丰富，能起到"传、帮、带"的作用；中年干部年富力强，能起到"中流砥柱"的作用；青年干部精力充沛，吸收新知识快，勇于创新，能起到"先锋"作用。这样的年龄结构组合可起到扬长避短、优势互补、协调前进的作用。

4. 个性气质结构

个性气质结构是指具有一定性格、气质、风度等不同类型的人构成的综合体。要使各种良好的素质都集中于一人之身那是不可能的。在学校的领导班子中有人闯劲较大，有人较为稳重；有人感情丰富，较易外露；有人善于思考，偏于内向；有人交往活动能力较强，有人勤于埋头苦干；有人爱好文娱活动，有人喜欢科技创作。这些不同个性气质的人如果组合适当，是可以互补的。如果只强调个性气质的一致，不仅是不可能的，而且效果也不一定理想。要使不同个性气质的人能和谐合作，关键是要加强巩固共同的思想基础。

二、合理运用管理方式

领导管理方式是指体现于全部领导管理行为活动过程中的领导与被领导者的关系。一个学校的校长领导作用，是通过他的全部领导实践活动的实际行为来表现的。只有他的领导行为表现对教导主任、总务主任以及全体教职员工、学生等的行为活动产生积极的影响，才能实现其领导作用。因此，领导管理方式与领导工作效率也有关系。

1. 民主型管理

民主型管理的特点是团体的活动及计划由全体成员讨论决定，领导者以客观态度提出意见，评价工作成果，及时给予批评表扬，并以团体一分子参加活动。这种领导方式的好处是提高团体中每个人的工作能力，发挥集体的力量。同时由员工参加讨论重大问题，大家心中有数，工作责任心加强，对领导者的意见也会随之减少。其缺点是事事由群众讨论协商较费时间，在紧急情况下不能采用，有时还会影响领导的果断性；如果被领导者水平低、经验少，工作则会难于取得成效。

2. 专制型管理

专制型管理的特点是团体内的活动计划及方针均由领导者决定，工作方法、工作步骤也由领导者指定。研究者认为，这种类型的领导的优点是效率高，容易适应变化的局面，能发挥领导者的主体作用。缺点是使下级过分依赖于领导，由于一切由上级决定，部属不容易产生工作热情，有时还会增加对领导的不满情绪。

3. 放任型管理

放任型管理的特点是，在进行某种活动或工作时，领导者对被领导者不指导，不积极干预，工作心中无数，听其自然，被领导者遇到问题请示时，被动地应付处理。这是一种放弃领导不负责任的方式，必然造成工作控制不住，效率低，同事之间合作差，下级对领导失去信心。但在某种情况下，如部属能力强、要求较高的创造性的工作，这种方式也有一定作用。

三、有效使用管理技巧

一般来说，从下层开始，逐级上升，各级领导者所掌握的本领也应逐渐从科学上升为艺术。所谓领导艺术，是富于创造性的领导方式、方法，包括巧妙的领导技巧。在学校管理中，学校管理者除学习科学理论以外，还需努力掌握必要的管理技巧。

1. 开会的技巧

会议是集思广益的重要场所，也是显露才华、发现人才的场所，会议不仅可以使与会者彼此了解共同目标，还可以了解自己的工作与他人工作的关系，明确自己如何为组织作出贡献。会议形成的决议或一致意见，还可以对每一位与会者产生一种约束力，以保证决议的贯彻。会议也是发扬民主，吸取意见的一个重要方法。由此看来，会议有其特定的功能。因此，成功地主持各种会议，对学校管理者发扬民主、集思广益、发挥集体领导的作用具有重要意义。

首先，每会必有一个明确的议题，每会旨在解决一个中心议题，一般不开多议题的会议。如果非在一个单元时间内开多议题的会议，应当明确地划分时间前后的阶段，解决一个之后，再进行下一个议题，要注意议题先后次序，会议的议题是会议的核心，主持者必须在开会之初就把议题说明。同时，要向每个与会者说明该议题讨论的理由，事情的现状，需要与会者解决问题和提供建议的某些方面，有时还要说明现有的解决方案以及对此方案正、反两方面的看法。总之，准备越充分，会议就开得越好。

其次，会议要采取民主态度。会议能否成功，与领导者关系甚大。领导者一般充当会议的主持者，应当与与会者建立平等关系，两者彼此之间应当互相尊重。一般说来，主持会议者不可过早提出自己的主张。值得注意的是，会议时间不可太长。据生物学家研究，参加开会讨论时，脑力的最佳状态保持 40～45 分钟。所以会议一般不应超过一小时，如实在需要超过一小时的会议，应当让大家充分休息后再开。这样才能保持良好的会风。

此外，学校管理者应注意，关心会上的沉默者。不管会议开得多好，往往与会者中总有不发言的。这些人并非没有自己的看法，这些人的看法也并非不正确，主持者应当关心了解沉默者的态度，弄清其原因，鼓励其发言。与此同时，还应谨慎对待重大议题。重大议题往往由于涉及范围广、专业知识深，会使有些与会者难以发表意见而轻易通过。在这种情况下，会议主持者要严格"把关"，非经过正反意见反复讨论绝不轻易让会议作结论。

2. 谈话的技巧

在学校管理者的工作中，谈话占据重要地位，它是学校管理者对教师进行思想领导的一种重要的工作形式，是一项思想性、艺术性、科学性与技巧性很强的研究课题，所以能否正确、合理、充分运用这一工作形式，掌握谈话的艺术和技巧，对于有效地进行科学管理是至关重要的。

首先，作为学校领导者要善于启发下级说话。谈话一般来讲是领导者和被领导者的双边活动。谈话过程应尽力保持"双方"交流，一方对另一方的谈话予以及时的、积极的和适当的反馈，能使谈话津津有味。同时，要多用发问法。教师是知识分子，是教育教学的专业人员。学校管理者最好用商量的口气进行谈话，如"这样好不好?""这样行不行?"对于有些不熟悉或不了解的问题，更应当用发问的方法打开局面，问话可使对方开口，同时也表示谦逊，表示尊重对方。

其次，谈话时需耐心。在谈话过程中，下级常常会忽然批评抱怨某种事情，甚至还会指责领导。这时，领导要保持清醒冷静的头脑，不要一阵激动，立即反驳，争辩不休，要多听取别人的意见，操之过急往往适得其反。管理者在谈话的过程中要态度诚恳、真心实意，使对方感到你的意见确实对他有利无害，只有彼此之间在心理上相互融洽，建立起信任感时，你的话才能打动对方的心弦，使对方心悦诚服。

此外，谈话要把握时机。学校领导与学校成员谈话和研究工作，要考虑该成员当时的情况。如他正忙着批改作业或备课时，不要突然招唤他个别谈话，以免引起反感。重要的谈话，最好事先约请，谈话时要简明扼要，不应拖泥带水。

与此同时，学校管理者应善于分开公私事。在业务性谈话中，教师常常在提出公务问题的同时提出个人问题，这时领导者应当巧妙地把公事和私事作一定分开。只有分开处理才能使谈话有利于业务工作的讨论和开展。须知这两类事情的政策处理是不相同的。当然领导者在另外的谈话中，可以直率而坦然地向教师询问有关他们个人利益的打算和要求。

3. 社交的技巧

现代社会的经济活动已远远不同于往日。如今，商品经济日益发达，产业和市场结构日益复杂，市场机制日臻完善，竞争日益成为企事业兴衰成败的关键因素。这些变化导致每一个企事业单位的社会关系和环境变得愈来愈复杂。现代的企事业较以往任何时候，都更需要公共关系来帮助自身减缓社会摩擦，使交往和谐化，最终为自己创造良好的关系氛围和社会环境。

因此，作为学校管理者，迫切需要学习公共关系的知识，提高参与社交的能力。因为它是信息社会的"润滑剂"与"催化剂"，是学校工作取得成效的保证，也是科学现代化管理的方法。

首先，学校管理者应注意个人形象。许多公关专家论述过一个原理：任何一个组织的公共关系，可以说，就是这一组织本身及其有关人员所造成的印象的总和。作为学校管理者的个人形象，往往与组织形象结为一体。他必须经常注意自己的装束、举止、言谈以及整个精神状态，看看是否得体适度。这一切不只是为了求得个人交际的进展，还将体现整个组织的风采。

其次，要克服羞怯心理，培养合群本领。共同经验区域常常是人们交际时最早进入的区域，初次见面应酬十分关键，因而在会见前最好将对方的性格、嗜好、专长等作一番基本的了解，或者一接触，就从对方的口音、职业、年龄方面寻找谈话线索，找到共同经验区域，这样，谈话就能沿着双方共同关心的问题展开。

此外，作为学校领导要多关心别人。"请多关照"是一句要身体力行的好话。要请人家关照你，先要经常关心别人。如果"人一走，茶就凉"，换个场合就把别人别事忘个精光，这样的管理者是令人失望的。总之。学校管理技巧是很多的，通过学校管理者的本身努力和不断实践，掌握好众多管理技巧，学校管理的水平就会不断提高。

第三节 教师管理

在全校教职工各类人员中，教师是实现学校教育目的的主要力量。教育目的体现了社会对学校培养人的规格要求。教师履行社会赋予自己的职责，根据国家的教育方针和受教育者身心发展的规律，有目的、有计划、有组织地对受教育者实施全面发展的教育。学校主要通过教师的创造性的劳动把年轻一代造就成为有一定质量规格的、合乎社会需要的新人。

因此，加强教师管理，调动教师的积极性，提高教师的思想业务素质，有着十分重要的意义。

一、教师的自身特点

1. 教师劳动过程的特点

教师从事的教育劳动，是一种崇高的、复杂的脑力劳动，它与体力劳动者所从事的劳动相比较，有其自身的特点。学校领导了解教师劳动过程的特点，对搞好教师工作的管理很有必要。

首先，教师的劳动目的与学校教育目标具有一致性。学校教育是通过培养一定类型的人来为一定社会的政治经济服务的。因为，社会给予学校的任务是培养人，所以学校教师的劳动目的也就在于培养人。学校教师必须根据一定社会的发展需要与可能以及人的发展需要与可能，在受教育者的积极参加下，对他们的身心实施有目的、有计划、有组织、有系统的影响。因此，作为学校的教师，要提高劳动目的性和劳动效果，就必须遵循国家规定的学校教育的总目标进行工作。

其次，教师的劳动对象具有复合性。教师的劳动对象总的来说就是在成长中的年轻一代。任何劳动者要有好的劳动效果，必须以对自己的劳动对象有深切的了解为前提。雕塑工作者必须对玉石、木料的性质特点有了解，才能根据不同的材料素质恰当地雕塑出各种艺术品来。教师的任务是要把受教育者塑造成为国家和社会的有用之才，而塑造人的工作是一种十分艰巨而复杂的劳动。因为，学生是活生生的有思想的人，无论知识技能的获得，道德品质的养成，都要依靠教师精心培养和辛勤培育，这就要求教师必须对自己的教育对象有深入的了解和认真的研究。

教师的劳动对象除了学生之外，还有教育内容。学校的教育内容主要体现在教学大纲和教科书中。教师要传授好教育内容不仅要熟悉教学大纲和教材，而且还要熟悉科学文化的新发展，他不仅是教材内容的说明者，还要对教材进行内容和方法上的适当加工、改造，而不能照本宣科。否则，学生不能学到活的知识，不利于发展学生的智能。对教育内容的加工改造，实际上是一个再创造的过程。所以从这个意义上说，教学内容即知识本身也是教师劳动的对象。因此，教师劳动的对象不是单一的，而是复合的。这一特点，反映了教师劳动的复杂性和创造性。

此外，教师的劳动手段具有多样性。劳动手段是劳动者作用于劳动对象的方法和媒介，是取得劳动效果的重要因素。一般来说，劳动对象愈复杂，就愈是要讲究劳动的手段和方法。教师的劳动手段，总的可概括为一个"教"字。可是教的手段和方法又是多样的。中国古时候的教育工作者就总结出对学生的教育要言教和身教相结合。所谓言教，一般是指教师主要通过口头的、书面的语言、符号，把知识传授给学生。所谓身教，主要是指教师通过自己的思想、行为，对学生进行性情的陶冶和人格的感染。实践证明，把言教和身教结合起来，对学生的成长会收到更好的效果。

随着科学技术的发展及被教育领域引进，教育的科学技术也逐步发达起来，学校的技术性因素逐日增多。教育科学技术作为教育劳动的新手段而逐步被广泛采用。现代化的教育手段大大地提高了学校教育工作的效率。这样，教师的劳动手段已不限于言传身教了。

与此同时，教师的劳动成果是集体努力和个人努力相结合的产物。教师劳动的成果主要是指学生知识的进步、思想品德的提高、身体的健全发展。而这些成果的获得，是教师集体智慧和个人努力相结合的结果。在通常情况下，一个学校，一个班级都不只是一个教师在工作。学生在校的成长进步是在众多教师共同努力下，进行多方面教育工作的结果。就是教师个人的工作也是在教师集体支持配合下才能顺利进行并提高效果的。

2. 教师的心理特点

首先，教师的自尊心强，重视自己的威信，这就要求在教师管理工作中，要特别尊重他们。要深入开展尊师爱生的教育，对教师的工作要多给予正面的鼓励和支持，对他们工作中的缺点错误，不要在学生面前进行批评，没有比在学生面前批评老师能使他们的自尊心受到更大损伤的做法了。教师以一点一滴的心血哺育学生，学生对他们的热爱和尊重，会使他们心理上得到很大满足。

其次，教师的求知欲望比较强。献身于教育事业的教师，他们要以自己的知识来武装青少年学生，他们首先要需要有知识。"学然后知不足，教然后知困"，这是广大教师的切身体验，渴望有丰富渊博的知识，渴望开拓自己的眼界，这是教师这一职业对他们心理的一种推动力量。因此，学校领导在教师工作管理中，要努力满足教师的求知欲望，对他们的学习和进修，要积极予以鼓励和支持。

二、教师管理的方法

1. 调动积极性

影响人的积极性的因素，大致有三类：一是基本因素，它指的是人生观、世界观和道德观，它对人们的积极性长期地起作用，甚至可以影响人的一生；二是实际因素，它指的是现实生活所给予的各种激励因素，这些因素可以在一定时间内影响人们的积极性；三是偶发因素，它指日常工作和生活中偶然发生的一些令人愉快或烦恼的事情，这些事情对人的积极性也会产生暂时的影响。上述三类因素在实际生活中的作用，是交织在一起的。基本因素对人们的积极性起着主导的、决定性的作用，它对实际因素和偶发因素具有调节、节制的力量，而实际因素和偶发因素也可能在一个短时间内对人们的积极性发生决定性的影响。这些因素累积起来，也同样会引起基本因素的变化。因此，领导管理者要调动群众的积极性，必须针对上述三个方面，做好工作，利用这些因素的积极方面，防止和克服其消极方面。

2. 思想政治教育

首先要引导教师坚持正确的政治方向，坚持社会主义信念，帮助教师认识党在社会主义初级阶段的基本路线，从而自觉地坚持四项基本原则，以育人为己任，认识自身工作的意义和肩负的责任，立志献身于社会主义教育事业。

进行师德教育是加强教师思想政治工作的又一个重要方面。要使师德规范化为每个教师的自觉行动；要宣传陶行知，学习陶行知，像陶行知先生那样热爱学生，许身孺子，甘当"蜡烛"与"春蚕"。

教师的思想问题主要是在教育教学过程中产生和反映出来的。因此，对教师的思想工作必须渗入到教育教学的业务活动中去，密切联系教师的思想实际，做到有的放矢。

加强对教师的思想政治工作还应同关心教师生活问题相结合，了解他们生活中的实际困难，解决他们的后顾之忧。

教师既是思想政治工作的对象，又是思想政治教育的主体。要充分发挥教师在思想政治工作中的主体作用，引导教师进行自我教育，并在对学生进行思想政治教育的过程中，不断提高自己的思想政治觉悟和师德水准。

3. 民主参与管理

教师是学校的主体，只有使作为主体的教师的主人翁地位得到真正的体现，才能使教师的积极性、主动性和创造性得到最大限度的发挥。这就要充分发扬民主，让教师直接参与管理。参与的途径有：(1) 建立教职工代表大会。教职工代表大会的职权范围是审议校长的工作报告，讨论、研究、批准学校重大决策和对学校工作提批评建议；(2) 建立学校教育、教学研究会（室），作为学校领导参谋咨询的机构。学校进行重要决策先听取他们的意见；(3) 学校领导定期向全校教职工汇报工作，教职工定期对干部进行评议。

4. 规章制度评定

在学校管理过程中，制度及执行必要的规章制度是保证教师的工作质量，提高管理效率所必需的。目前，教师管理的常用制度主要有：岗位责任制、考核制和奖惩制等。实行岗位责任制，关键是依据教育方针和教学大纲，制订切合本校实际的较为科学的工作质量标准，没有质量标准，就谈不上岗位责任制。工作质量标准要求明确具体，尽可能数量化，以便于执行检查，但也不可过于繁琐。同时，考核是对教师的工作实绩进行检查评估，岗位责任制要与考核制配套。只有认真地进行考核，按照标准实事求是、恰如其分地检查评估教师的工作，才能使岗位责任制的作用得以发挥。此外，岗位责任制要同教师的经济利益挂钩，在对教师工作考核的基础上奖勤罚懒，奖优罚劣，体现干与不干，干多干少，干好干坏不一样，实行奖惩制要贯彻以精神鼓励为主，物质奖励为辅，二者有机结合的原则。既要反对不考虑教师物质利益的做法，又要防止和克服不良倾向。

5. 领导示范

学校领导的思想、情感和言行无时无刻不在潜移默化中影响着教师，学校领导对教育工作高度的责任感、强烈的事业心对教师是无形的激励。学校领导的优秀品质、模范行为以及在工作中表现出来的乐观向上的情绪，积极进取的精神会使教师受到感染和鼓舞。学校领导在管理活动中应有意识地发挥自身的示范作用。这就要求学校领导不断加强自身修养和自我锻炼，不断自我完善。

三、教师管理的内容

1. 教师个体的管理

首先，学校管理者应加强对教师的激励。对教师积极性的激励是贯穿教师管理全过程的一项重要工作。人的活动积极性的源泉是需要，解决教师的需要，帮助教师达到追求的目标，是激励教师积极性的基本途径。

其次，要合理地进行安排和使用教师，能否合理地安排和使用教师，直接影响着教师积极性的发挥。安排和使用教师应贯彻扬长避短、能职相称、因事择人等原则。其中，一是要尽力做到用人之长，就要有知人之明。"知人"才能"善任"，这就要求学校领导经常深入课堂、深入班级、深入教师之中，通过听课、交谈以及参加各种活动，来了解教师的思想业务水平、实际工作能力、兴趣爱好和个性特点。只有对教师有了全面了解，才能谈得上对教师的合理安排和使用，才能使教师在适合自己的岗位上愉快地展现自己的才能；其二是要做到因事择人。学校教育教学的岗位是有一定限度的，因此需要定编定员。为了提高各个岗位上的工作绩效，就必须因事择人，物色最合适的人选担任教育教学的各项工作。这样做，有利于加强教师的责任感，提高教师的积极性，也有利于组成教师队伍的最佳结构，提高管理效能。不从学校工作实际需要出发安排人事，而是为了迁就某种关系，照顾某种情绪，因人设事，就必然会造成人员臃肿，队伍庞大，人浮于事，相互扯皮的局面。结果是学校负担加重，工作效率降低；其三则是要尽量做到能职相称。在教师管理的过程中，管理者应结合教学情况具体分析，并从实际出发，进行必要的调节，以确保教师的能职相称。此外，要对教师进行全面考核。考核是用一定的标准对教师的行为活动、能力水平以及工作实绩等进行检查、衡量和审核。它是学校教师管理中的一项经常性的工作。

考核标准是学校任务目标和对教师要求的具体化，因此考核具有导向的作用，学校制订怎样的标准进行考核，教师就会向怎样的方向进行努力。考核还具有反馈调节作用，学校对教师核查评价的信息，必然促使教师本人不断修正和调节自己原有的思想动机，从而更加努力地工作。考核是教师职务评定的重要环节，它直接为教师职务的评审和聘任（任命）提供依据，因而它能促进教师不断提高政治思想觉悟，文化业务水平和履行职责能力，发挥最大积极性，努力完成本职工作。

对教师的考核需要有全面的标准，要把教师的政治思想表现、文化专业知识水平、教育教学能力、工作成绩和履行职责情况诸方面逐项分解成若干个小的项目，制订出具体指标。以全面的标准来考核教师，这样有助于教师在加强思想品德修养的同时，努力提高业务水平，而不致偏废；也有助于教师正确执行教育方针，全面关心学生，促使学生德、智、体、美、劳全面发展，教育质量全面提高。

2. 教师群体的管理

学校工作具有整体性。为了保证学校工作的整体性，必须加强对教师群体的管理，将教师个体作用的功效聚合为教师的整体功能。

首先，加强教师群体的管理需要建立教师群体的调节机制，它主要包括教师群体的共同的目标，良好的规范，正确的舆论和协调的人际关系等，教师群体自身的调节机制比来自群体外部的约束力量，如规章制度等，具有更大的作用。以共同目标为例，教师群体的共同目标就是学校的总体目标，树立教师群体的共同目标意味着一方面要将学校的总体目标内化为教师个体的目标，一方面要将教师个体已有的目标纳入群体目标体系，这样的共同目标具有强大的凝聚力量和自我调节力量。全校教师在共同目标的旗帜下，联合成一个整体，为了实现共同目标，奋发努力，积极向上，并时时以共同目标来调节自己的行动。

其次，要注重教师群体的合理组合。在学校工作中，教师个体积极性的调动是基本的，但是如果教师群体没有合理的组合，个人的作用就要受到限制，教师群体整体效能的发挥也必然要受到影响。因此，对教师群体进行合理组合，以形成有利于教育、教学开展的最佳结构，是提高学校管理效能的十分重要的问题。

此外，学校管理者还应注意教师群体组织效能的充分发挥。群体作用大小与组织效能的发挥分不开。根据系统论原理，组织系统的整体功能大于组织各个成员的功能之和。因此，加强教师的群体管理，需要充分发挥学校组织的效能。其中，组织内成员的职、权、责的划分要清晰、明确，要落实和执行岗位责任制。同时，要保证信息沟通渠道的流畅以及组织内部的协调。

第四节　学生管理

学校管理工作中，学生作为一个独立的个体，他们不仅是管理的对象，更是管理的主体，是有思想、有感情的、独立的个体。因此，对学生的管理，不仅要符合教育规律、管理规律和学生身心发展的规律，更要体现管理中学生的主体性，更要强调学生的自主管理和自我管理。

一、学生管理理论

学校管理中对学生的管理，强调主体教育式管理，秉承以人为本的管理精神。

主体教育管理观是一种把受教育者培养成为教育活动的主体和社

会活动的主体的教育观。这种教育管理观的教育理论基础是，在教育本质观上，它认为教育的本质是促使个体个性化与社会化统一的过程；在教育价值观上，它认为教育的价值在于把个体培养成为具有能动性的社会生活的主体，从而使教育达到促进个体发展与社会发展的统一。主体教育管理观一方面强调严格管理，同时要注重创造一种宽松的气氛与环境，注重发挥管理者、施教者的创造性；注重在尊重学生个性特点的基础上将社会规范传递给学生，这样就有利于学生将社会的要求内化为自身的东西。使学生在个性化与社会化统一的过程中得到发展。用主体教育管理观来指导教育，能实现教育促进人的发展，同时也促进社会发展的统一。因为一个人在实践中获得主体性本身就是人发展的根本标志，而只有具备这种主体性的人才能有效地推动社会的发展。

树立主体教育管理观在当前的学生管理中显得尤为重要。因为社会主义市场经济的发展，对人的素质提出了更高的要求。一方面，人要在市场经济中得到生存和发展，就需要有进取精神和竞争精神；另一方面，人要使自己在商品经济中不成为金钱的奴隶，也要善于自我控制和调节。不具备主体性特征的人是难以做到的。当前，在教育改革中提出的素质教育，从观念上讲，实际上提出了一种主体教育观，因为素质教育本身重视人的培养和发展，教育的核心是提高人的素质。人的素质发展的根本特征是人的主体性的发展。因此，实施素质教育，在观念上就要研究并实施与之相适应的主体教育本质观、主体教育价值观、主体教育实践观和主体教育质量观。以科学的观念指导实施素质教育，就能充分获得管理者、施教者的主动性，使学生的主体性得到发展，这样才能把学生培养成为适应社会主义市场经济需要的具有主体性特征的人。

二、学生管理的方法

1. 思想教育法

思想教育方法是我国学校教育中最具传统的教育方法，它是通过摆事实、讲道理来影响学生的思想意识，提高其思想道德认识的方法。学生的思想教育应该根据学生的实际情况，有针对性地进行，要引起学生情感上的共鸣，只有这样，才能发挥思想教育的真正功效，真正解决学生思想上存在的问题。

2. 激励法

激励即激发、鼓励，调动人的积极性。从学校教育的特点出发，我们把激励的概念界定为：教师以激励的教育行为，从外部给学生以适度的正刺激，使学生把教育的要求内化为个体自觉行为的过程，从而促进学生生动活泼地、主动地全面发展。

3. 评价法

评价是指通过一定的要求和标准，对学生的思想品德、学习、劳动、社会工作、文体活动以及友伴关系等方面的表现及发展状况加以评判的过程。学生管理的核心问题是使学生树立正确的人生观，用正确的标准评价学生。因此，对学生的评价首先应确立正确的评价标准。改变传统的评价标准与方法，是学生管理的一项重要工作。从当前学生管理的评价方法来看，主要有两种方法，即定性与定量的方法。

在学生管理中，由于教育自身的特殊规律以及学生发展的特点，决定了我们在运用评价的方法时，必须坚持定量评价与定性评价相结合的原则。在评价的程序上应注意将学生自评、小组他评及教师评价等方式有机地结合起来。

4. 自我管理法

自我管理是一个人能动性与自觉性的表现，是学生管理的最高形式。学生管理的主要目的就在于促进学生自我管理能力的形成。学生自我管理能力的形成是一个从他律到自律的过程。青少年发展初期，由于自我意识不完善，往往不善于控制、调节、支配自己的活动和行为，他们的自我控制、自我调节主要是外部力量的支配、监督，以教师的要求为自我要求，以别人对自己的评价为自己的评价，以学校的纪律为自我约束的纪律，这时他们处于以他律为主导的初级发展阶段。但随着自我意识的不断发展，他们逐步形成自己的价值观、人生观和世界观，能够依靠自己的内部力量自觉地自我管理，自觉地支配、调节、控制自己的活动和行为，这时已发展到以自律为主导的较高级阶段。可见，学生自我管理能力的形成与发展过程，也是人的自我意识、主体性逐步形成与发展的过程。因此，学生的自我管理重在学生的主体感受和参与。

5. 制度管理法

学生制度管理是规范性管理的必然要求，它有助于提高学校常规管理的效率。学生的管理制度包括两方面内容：一是国家或上级教育行政机关制定颁布的制度和规定；二是学校制订的涉及学生管理的系列制度，它涉及到学生的学习、生活、劳动、娱乐等方方面面。在运用制度管理学生时，要强调制度的严肃性、稳定性，不可朝令夕改；制度出台前，应征求学生的意见，充分发挥学生组织和干部的作用，让他们参与学校制度的制定、实施和考核的全过程，提高制度管理的有效性和科学性，同时，也可提高学生自觉遵守、维护和执行规章制度的自觉性。

三、学生管理的基本内容

1. 学生学习的管理

学习是学生的首要任务。因此，在学生管理中，学习的管理显得非常重要。对学生的学习管理主要包括两个方面的内容：一是学生的学习的辅导；二是学习制度的管理。

首先，对学生学习辅导的核心在于提高学生的自学能力与判断能力。它对于学生掌握独立思考的技能，在学习上摆脱对教师和家长的依赖至关重要；同时，它也有助于学生心理承受能力的培养及其自信心的树立。对学生学习辅导的重要方面就是对学生学习方法的指导。学生的学习方法科学与否直接影响学生学习的效果。

其次，学习制度管理是学生常规管理的重要内容。要保证学生学习的顺利进行，除了加强学习辅导外，还必须制订相应的学习制度作为学生管理的保障。这些学习制度应包括课堂学习常规、作业和考试管理常规、课外学习常规等。

2. 学生生活的管理

所谓学生生活管理是指管理者通过对学生进行有意识的、有目的的生活自理能力方面的培养训练，从而有效地培养学生生活自理能力及习惯的管理活动。

学生生活的管理主要包括两方面的内容：一是培养学生科学的时间观，科学地安排和利用时间，提高时间的利用率。同时，学会正确处理学习和休闲的关系，学会学习，学会休息；二是让学生养成良好的生活自理习惯，提高学生的生活自理能力。学校管理者要针对当前学生中普遍存在的生活自理能力差的情况，开展各种教育和实践活动，在实践中提高学生的自理能力，养成良好的行为习惯。

3. 学生行为的管理

学生是未来社会的成员，学生的一言一行必须与社会成员的行为准则的要求相一致，即学生的行为必然受到社会规范与要求的制约。因此，学生行为的管理就是要求学生必须遵循有关社会规范的要求，抵制不良因素的影响，预防不良言行的产生，即培养和形成学生行为的自我控制能力。学生行为的管理应以学生行为守则为基本依据，以学校的各项规章制度为基本要求，以社会行为规范为基本准则，对学生提出严格的要求，促进学生自觉调控自己的行为。

4. 学生组织的管理

中小学学生组织一般包括学生工作处、年级组、班级、学生会、团委以及少先队等。在学生管理过程中，学校管理者应着重关注学生组织的发展与管理，切实发挥学生组织对学校管理目标实现的重大作用。

第五章 教学工作管理

　　学校育人的主要途径是教学。学校必须以教学为主，从自身的特点出发，把教学管理作为整个学校管理的主体部分，充分运用教学管理职能，采取行之有效的措施和方法，对教学工作实施科学的管理。

　　学校教育工作经常性的中心任务，是提高教育质量。教育质量的提高，必须全面贯彻教育方针。而教学工作是贯彻教育方针，使学生在德、智、体、美、劳等多个方面全面发展的基本途径。因此，学校领导要十分重视对教学工作的管理，要把主要精力用于管理教学工作。

第一节　教学工作的基本管理

　　学校是培养人才的专门教育机构，教学是智育的重要途径，也是学校培养人才的主要途径。教学工作的成败对素质教育有着十分重要的意义。因此，不断加强和改善对教学工作的管理，就成了学校管理者的一项经常性的基本任务。

一、教学管理的意义

1. 教学管理是学校有序运转的前提

　　从教学工作与学校的其他工作的关系看，教学工作在学校各项工作中处于中心地位。教学工作组织协调得好，不仅有助于建立稳定正常的教学秩序，促进教学质量不断提高，而且有助于带动其他各项工作的开展。如果学校工作中心经常转移，教学管理时紧时松，时抓时放，学校就会处于紊乱无序的状态，教学上不去，其他工作也搞不好。

一所学校的教学管理工作的好坏，直接影响着学校多项工作的质量和学生的质量。因为教学管理工作不仅是一种组织性、协调性的工作，也是一项具有思想领导，在教学领域进行改革和创新性的工作。在教学领域中，教师的教学思想是否正确，影响着学生成长与发展，教学管理是否得力影响着教学内容、教学方法和教学技术的革新。因此，学校领导一定要抓住教学管理这一关键性工作，把它作为学校管理工作的中心。

2. 教学管理是学生质量的保证

从育人目标看，教学管理的水平直接影响着学校学生的质量，直接影响着学校育人目标的实现。教学过程决不是单向的知识传授的过程，而是在教师的指导下，学生德、智、体、美、劳等全面发展的过程。学生在教学过程中，获得了知识，发展了智能，逐步形成了良好的思想品德和共产主义世界观，与此同时身体素质也不断得到增强。良好的教学管理，有助于引导教师全面认识教学工作，正确处理德、智、体、美、劳诸育的关系，正确处理教与学的关系，更好地担负起教书育人的任务，从而保证学校育人目标的实现。

二、教学工作管理的目标

1. 教学质量的提高

首先，教学质量的提高，是指全面完成教学任务，达到全面提高教学质量的目的。中小学的教学工作大致有四大任务：一是向学生传授文化科学的基础知识和基本技能；二是发展学生的个性；三是发展学生的体力；四是培养学生良好的思想品德和奠定科学世界观的基础。

第二，教学质量的提高，是指使全体学生得到发展和提高，而不是仅仅追求部分学生的发展和提高。

第三，教学质量的提高，是指中小学教学计划所规定的各学科都要教好、学好。

第四，教学质量的提高，是指要求学生全面掌握各门学科（课程）的体系和知识结构。

2. 教学工作效率的提高

所谓提高教学效率，就是在国家颁发的教学计划、教学大纲所规定的时间内，以符合教育学和学校卫生学要求的教师和学生的教学负担量，完成教学计划和教学大纲所规定的教学要求。具体来说，教学工作效率是指教学效果与教学所花费的时间、师生教与学的负担量的比。

提高效率是一切管理工作的目标。教学工作也要讲究效率。就是要按学生的认识规律，尽可能加快教学的进度，减少教师和学生所使用的时间和精力。同样好的教学效果，所花时间少，师生负担轻，就是效率高。相反，所花时间多，师生负担重，就是效率低。

在教学管理中，管理者必须把全面提高教学质量与提高教学效率二者有机地结合起来。如果只抓教学质量的提高，不重视抓提高教学效率，学校教学任务就很难在教学计划和教学大纲规定的时间内完成；如果只抓教学效率的提高而不同时抓教学质量的提高，就很难达到教学计划和教学大纲规定的质量标准。因此二者不能偏废。

三、教学管理内容的相互关系

1. 教与学的关系

所谓教与学的关系，就是要处理好教师的"教"与学生的"学"的关系。在教与学的矛盾中，教师是矛盾的主要方面，提高教学质量，主要依靠教师教好，靠教师发挥积极性。但是，学生是学习的主体，学生学习质量的提高，需要调动学生的主动性、积极性。因此，学校领导在教学工作管理中，要十分注意调动教师和学生两方面的积极性，要抓教促学，抓学促教；既要加强教师"教"的工作管理，又要十分重视加强对学生学习的管理；要经常研究教师怎样教得好，学生怎样学得好，特别要注意培养学生的学习兴趣、学习能力和良好的学习习惯。

2. 学科之间的关系

所谓处理好各学科之间的关系，就是要对教学计划规定的各个学科有一个正确的认识，不能重视这科，忽视那科。因为教学计划规定的学科，都是培养人的需要，是使学生得到全面发展的需要，是基础教育的需要。各个学科对发展学生的各个方面都有共同的和独特的作用。各门学科的知识是不同的，缺少了哪一科，都会使学生的基础知识有缺陷，对学生的全面发展产生不利的影响。所以我们管理教学工作的时候，要有全局观点，不能有所偏废，使各个学科占有其应有的地位，发挥其应有的作用，并且能互相配合和促进。

3. 智育与德育的关系

教师的任务是教好学生，学校领导应该要求教师在教学中不仅要传授文化科学知识，发展学生的认识能力与体力，还要注意发掘教材的思想教育因素，对学生进行思想品德教育，培养良好的行为习惯。

教学中传播知识与进行思想教育是互相渗透、相辅相成的。在教学管理中，学校管理人员应强调和指导教师善于通过挖掘教材内容的思想因素对学生进行思想教育，通过课堂教学的组织，严格的要求，培养学生的文明行为和习惯。

4. 课内与课外的关系

课堂教学是教学工作的基本组织形式，一定要将课堂教学搞好，提高"四十或四十五分钟"的效率和质量。但是，培养人才单靠课堂教学是不够的，要同时注意组织、开展各种课外活动，如组织学科小组、技术小组、艺术小组、体育小组等，使课内外结合起来，扩大学生的知识视野，培养学生的实践能力，才能够有利于全面提高教学质量。同时，要把开展课外活动作为提高教学质量的一项重要工作抓起来，管理好。

四、教学管理的内容

1. 教学质量管理

首先，教学质量的高低是教学管理水平的综合反映。教学管理主要是对教学质量实施管理，以达到提高教学质量的目的。教学质量的管理是教学管理的核心，管理者要在正确的教学质量观的指导下，根据一定的教学目的，用一定的质量标准，对影响"教"与"学"的各种因素进行检查、分析与控制，以此保证教学任务的全面完成和教学质量的全面提高。

与此同时，教学质量观是对教师教学优劣程度的总体性的看法和认识，它集中地反映管理者的教育思想水平，对整个教学过程起着重要的导向作用。管理者的教学质量观不同，检查评价教学质量的标准就不同，对教学过程产生的影响也就不一样。所以，树立正确的教学质量观是科学地实施教学质量管理的前提。

在全面教学质量观的指导下，教学质量标准就不是单一地以考试成绩为基准，它是一个包含多因素、多层次、多维度的标准体系。这一标准体系是师生共同追求的目标，也是管理者检查和评定质量的依据。

其次，教学质量检查是根据一定的质量标准对教学过程的各个环节、各个阶段的质量进行鉴定、评判的管理手段。通过检查，将教学质量的现实状况与质量标准相对照，及时反馈，获取信息，以便采取措施，对教学质量实施有效的管理。

此外，检查教学质量的最终目的是为了提高教学质量，因此教学质量检查要与质量分析相结合。通过对质量检查中获取的信息的分析，肯定成绩，总结经验，同时发现问题，从教与学以及管理诸方面找出原因，对症下药地采取措施，从而给教学以具体指导，引导教师改进教学，在现有基础上不断提高质量。

对于教学质量的分析，管理者一般都较重视期中、期末考试以后的质量分析。这是因为期中、期末考试以后的质量分析是在全面检查基础上进行的综合性分析，对于过去阶段的教学具有总结意义，对于今后新阶段的教学则具有指导作用。阶段性的质量分析经常运用的方法有数量统计法、比较法和综合分析法等。

这里，在进行教学工作管理的过程中，教学质量的控制也是值得重视的一项工作。教学质量的控制建立在教学质量检查和分析的基础上，它是教学质量管理的重要环节，质量控制是指对影响教学质量的因素直接加以干预，如总结和推广有利于质量提高的教学经验，限制和排除偏离教学大纲，有碍于质量提高的不利因素等，从某种意义上说，质量检查和质量分析也是一种控制。

对教学质量实行有效控制，关键在于将经过质量检查和分析提出的改进教学的意见付诸实施，切实地解决教学过程各个环节上存在的问题。要及时获取各种反馈信息，对形成教学质量的各种因素进行合理的调控；有些则要根据管理的一般规律，采取措施，防患于未然。如为防止初中二年级学生两极分化趋于严重，就需及早加强思想教育工作，严格学习管理，把可能影响教学质量的消极因素消灭在萌芽状态中。

2. 教学行政管理

首先，教学行政常规事务管理的前提工作是保证教学工作的正常有序运行。科学、合理地安排好学校活动日程表、作息时间表和课程表并严格执行，是教学运行管理的职能。其中，学校活动日程表要在以教学为主的前提下安排学校各项活动，以保证教学秩序的正常稳定及教学工作与其他工作的协调；作息时间表是学校对师生每天学习和活动的时间安排，可以根据季节变化昼夜长短的不同特点来编排；课程表是学校日常教学活动的"总调度员"。在活动日程表、作息时间表及课程表中，编排和执行课程表对建立和控制正常教学秩序，保证各项工作有条不紊地进行起着最为重要的作用。

其次，教务例行工作的管理作为教学行政管理的一部分，贯穿于学期进程的始终。开学前，制订新学期教务工作计划，编排学校活动日程表、作息时间表以及课程表，组织教师学习教学大纲，制订教学进度，备好课；组织学生报到注册，新学年开始前不及格生补考，确定留级名单；检查图书馆、实验室等教学设施，做好上课前的准备。开学初，向全校师生报告新学期教学工作计划，落实学校教育科研计划、教研组计划，第二课堂活动计划，以及对学生进行学习常规教育。对初一、高一新生要做好小学和初中，初中和高中的教学衔接工作。学期中，组织期中考试，制订和组织填写各种统计分析表格，进行质量分析。学期末，安排期末复习考试，考试后在教师自我分析的基础上做好期末质量分析，总结一学期的教学工作，确定并布置下学期的教学任务。

此外，教学行政管理还包括教学档案的管理工作。教学档案能够全面地反映学校教学活动的真实情况，为学校不断深入开展教学研究活动提供依据。认真做好教学档案管理工作，将大量有查考价值的教学资料收集整理并保存起来，以便有据可查，有案可找，这将有助于学校总结经验，改进教学，提高管理水平和教学质量。

与此同时，为做好档案资料的收集整理工作，学校需要采取一系列组织保证措施。学校要有分管领导具体负责，要制订档案工作规章制度，加强管理，并提供必要的物质基础。

3. 教学改革管理

首先，学校管理者应端正管理思想，树立正确的管理目标。管理思想决定着管理的方向，它集中地体现在管理目标的确定上，教学管理目标对教师的教学活动起着支配作用，它影响和制约着教学工作的全部发展进程。因此，端正管理思想，树立正确的管理目标是使教学管理适应教改，促进教改的一个根本性的问题。

根据系统论原理，教学管理的目标必须与学校管理的总体目标整合一致。学校管理目标又应以教育目标为依据，并为实现教育目标服务。从新时期学校的教育目标出发，教学管理目标应是大面积提高教学质量，使学生在各个方面都得到生动活泼、主动地发展。只有端正管理思想，教改才会有正确的方向，也才能够把广大教师引导和组织到教学改革的洪流中来。

其次，教学是创造性的劳动，教学改革更需要创造精神。只有当全体教师都专注于创造性的研究，积极探索教学规律的时候，教学改革才有成功的希望。为适应教学改革的需要，必须转变习惯于采用单一的行政手段的管理方式，大力倡导研究之风，以唤起教师热爱工作、投身教学改革的激情，最大限度地发挥他们的工作主动性、积极性和创造精神。要根据本校的教学基础和今后的发展趋势寻找教改突破口，确定全校研究的中心课题，然后结合各科特点提出各门学科的研究课题，组织教师协同攻关，把课堂作为研究教学的主要阵地，通过经常性的听课和分析，一方面指导帮助教师总结经验，并把经验上升为理论，另一方面发现带倾向性的问题，引导教师探索改进教学的途径和方法。

与此同时，教学改革归根结底是教育观念、教学思想的更新变革。有什么样的教学思想，就有什么样的教学方法。要改革教学，必须更新教学思想。

正确的教学思想是教育科学理论同教学实践相结合的产物。教学管理的艺术就在于善于从调查研究入手，抓住教师在教学实践中反映出来的教育思想上的问题，引导并组织教师学习教育科学理论，帮助教师打开眼界，开拓思路，在如何正确处理教与学的关系、传授知识与培养能力的关系、统一要求与因材施教的关系等问题上获得新的认识，从而引起教学观、智育观、学生观、质量观的更新变化。教学思想变了，教学方法的改革就势在必行了。

此外，教学改革的管理要发扬教学民主，创造宽松的环境气氛。

第二节　教学工作的计划与实施管理

管理教学工作，首先要有一个教学工作的总体计划，通过它，把全校教学工作的各个方面管理起来。同时，教学工作计划能否顺利实施，对学校管理目标的实现具有重要意义。

一、教学工作计划的制度

1. 教学工作的指导思想

每学年或学期初，管理者在制订教学计划过程中首先应明确本学年或学期对教学工作的指导思想以及对工作的基本要求，具体指出坚持什么思想，克服哪些困难，改正哪些不足，对教师以及学生有哪些具体要求等等。

2. 规定各学科教学质量指标

指标可用三种方法来表示：一是用分数来表示，即规定平均分或合格率或优秀生率等；二是用掌握知识和技能的范围来表示，如规定各门学科的教学，要求学生掌握哪些知识与技能。有哪些知识和技能可以用数量来表示，如规定识字数量，掌握的词汇数量，掌握实验的数量等；三是根据不同的教学任务采用分等的方法来表示，如掌握知识方面可分为全部掌握、绝大部分掌握、基本掌握和略有掌握四等，形成技能方面可分为全部熟练、大部分熟练、基本熟练和少数学会四等，自学能力方面可分为能独立钻研、能独立自学、基本能自学和初步会自学四等。

3. 编排教学日程

把整个学期教学工作主要的共同性活动加以安排，如将公开教学、期中检查、经验交流、教学成绩展览等教学活动具体安排在各周。

同时，应提出提高教学质量的主要措施，如端正教育思想和加强学习目的教育；健全教学工作的管理制度；充实教学设备；举行观摩教学；加强教学研究等等。

教学工作计划除了全校性的计划外，还有各教研组的教学研究计划、各科各年级的教学进度计划、教改试验计划、实验实习计划、课外活动计划、领导教学工作的计划、教师的单元计划和课时计划等。

二、教学工作的计划管理

教学工作的计划管理，是学校教学工作赖以有序进行，顺利完成教学任务，实现培养目标的重要保证，是学校管理的首要的主导性职能。它一般包括两层意思：一是用计划去管理教学工作；二是把各方面的教学工作计划都管起来。教学工作计划管理的任务，就是按照教育方针和国家颁发的教学计划、教学大纲的要求，结合学校实际，制订一个学年或一个学期的教学工作奋斗目标，确定实现这一目标的具体措施，并组织实施，以保证各科教学任务的完成。

1. 全校教学工作计划

它是整个学校工作计划的主要组成部分，应在校长的直接领导和参与下，由教导主任具体制订。其主要内容是：

(1) 教学情况分析。对上学年或上学期教学工作进行简明的分析，指出所取得的成绩和经验，存在的问题和缺点，有利条件和困难，以及本学年或本学期出现的新情况和新问题。

（2）本学年或本学期的教学工作目标和要求。它应在分析上学年或上学期出现的新情况、新问题的基础上，进行科学预测，提出本学年或本学期的教学工作的目标和要求。它包括学生在德、智、体、美、劳诸方面的具体培养目标，特别是在发展能力方面的要求，以及学生各科成绩的及格率、优秀率、提高率、合格率、升学率与就业的适应率等数量指标。

（3）本学年或本学期的教学工作内容和措施。在内容方面，应清楚地规定本学年或本学期教学工作的项目、各项工作的具体要求和工作进程。措施一定要具体、有力，包括加强领导的措施，提高和培养教师的措施，改革教学的措施，提高学生自学能力的措施，开展教学实验和科学研究的措施等。一般来说，计划不宜过于庞杂，切忌面面俱到，以致重点不突出，流于一般化。

2．教学研究组（教研组）工作计划

它应以学校教学工作计划为依据，结合教研组的实际情况制订。主要包括以下内容：

（1）对本组前一学期教学工作所取得的成绩和问题的简要分析。

（2）本组在本学期改进教学的基本设想和教学研究活动的主要课题及其要求。

（3）按周安排好各次教学活动的内容和时间，如集体备课、专题讨论、观摩教学、总结交流经验等。

（4）本组课外活动的内容与时间安排。

3．学科教学进度计划

它是全校教学工作计划的最终落脚点。由任课教师制订，经教研组长确认后执行。其内容除有对前一学期学生学习情况和本学期教材内容的分析外，要明确提出本学期的教学目的、要求，实施措施和改进教学的方法，并且要具体安排本学期的教学进度表。这里应具体写明章节课题，所需时间，起止日期，以及各章节需要安排的教学实践活动，如实验、实习、参观等。

三、教学计划实施过程的管理

教学是一个过程，它依赖教育和教学的客观规律，依据规定的培养目标和制订的教育计划，通过科学而周密的组织来实现。

教师的教学工作计划，有一定的程序，是一个过程。这个过程一般包括以下环节，即备课、上课、布置和批改作业、辅导、检查和考核学生的成绩等。对这些环节应提出规格要求，才能保证教学质量。

1. 备课管理

备课是上好课的前提。它是教师根据教学大纲的要求和本门学科的特点，结合学生的具体情况，选择最合适的表达方法和顺序，以保证学生有效地学习。对教师来说，备好课是加强教学的预见性和计划性，充分发挥教师主导作用的重要保证。

学校管理人员，不但要向教师提出明确的备课要求，进行必要的指导和帮助，而且要给教师以时间的保证，要提供和创造必要的条件，要进行必要的检查和督促，增强教师备课的责任感，调动备课的积极性，切实把备课的管理搞好。不仅要加强对教师个人备课的管理，而且还必须抓好教研组和年级备课组集体备课的管理。抓教师个人备课的管理，一般是采取向全体教师提出备课的一般要求与个别指导相结合的方法；抓教研组和年级备课组的集体备课的管理，主要是通过参加他们的集体备课会议的方式进行。

2. 课堂教学的管理

课堂教学是教学的基本组织形式，是教学过程的中心环节，其他教学环节都是直接或间接地围绕课堂教学来进行的。因此，搞好课堂教学管理，对于搞好整个教学工作的管理，提高教学质量，具有特别重要的意义。

一个学生从入学到中学毕业，大部分时间是在课堂度过的。教师主要是通过课堂教学这种形式，来向学生进行科学知识的系统传授，而学生也主要是通过课堂教学这种形式，来获得知识，发展能力，提高素质的。因此，学校管理者只要紧紧抓住课堂教学这个中心环节，搞好课堂教学的管理，充分发挥教师在教学中的主导作用和学生在学习过程中的主体作用，就能保证学校教学任务的顺利完成。可见，搞好课堂教学的管理，是搞好整个教学工作管理的核心。

教学既是一门科学，也是一门艺术。由于教师各有所长，每一门学科又有其不同的特点，因此，很难用一把尺子去衡量。但是，从课堂教学的基本特点和一般规律来研究，学校管理者还是可以对课堂教学提出一些基本的要求，以加强对课堂教学的管理。

3. 学生作业的管理

学生作业的布置与批改，是教学工作的有机组成部分，它对于学生理解教材，巩固知识，训练思维，增进智力，培养技能技巧，都有重大的作用。同时，还可以帮助教师检查教学效果，了解学生学习的质量。学校管理者应当把教师对作业的布置与批改，当作教学管理中的一项重要工作来抓。

首先，应严格控制教师布置的作业量；其次，要督促教师精选作业题，要选具有代表性的题目，要注意广泛和具体结合，具有针对性和连续性，让学生通过练习获得最大可能的知识效果和一定能力的提高。作业习题要难度适当，教师要预先试做；此外，应要求教师及时认真批改作业。为了及时掌握学生学习的情况，教师对学生的课外作业应进行经常性的检查和批改。批改的方式多种多样：全面批改、重点批改、轮流批改、当面批改、师生共同讨论批改、指导学生相互批改等。各种方式都应从实效出发去考虑。批改和检查的结果，除了通过评语和个别谈话对学生加以指导外，对一些有代表性的问题要对全班学生进行分析讲解。

4. 学生成绩检查与评定管理

学生成绩的检查与评定是学校管理中的重要工作之一，也是检查教学效果、进一步改进教学工作的重要措施，它能起督促学生努力学习的作用。对学生学业成绩检查主要运用考试、考查两种方式进行。考试就是根据教学大纲的规定，以教材为依据，对学生应该掌握的知识、技能和运用知识的能力进行全面系统的检查；考查就是对学生平时或非主要学科学习效果的检查。

5. 学生课外辅导管理

课外辅导是课堂教学的必要补充。班级授课制的特点决定教师的课堂教学要从学生的大多数出发，这样组织的教学往往会出现一部分跟不上进度的现象。因此，在搞好班级课堂教学的同时，要注意因材施教，加强对学生的个别辅导。学校管理者，应当重视并加强对课外辅导的管理。

课外辅导主要是对学生进行个别指导，其主要任务是析疑解难，启发思维，指导方法。

6. 对学生学习计划的管理

学习计划是学生进行学习的行动纲领，可以促使学生进一步明确学习目的，增强责任感，积极努力地完成学习任务。学习计划应由学生个人制订，它一般包括以下内容：第一，对上学期学习情况的分析，扼要地说明上学期学习的主要成绩和存在的问题；第二，提出本学期努力的方向和目标。目标要明确，要切合实际，不能太高，也不能太低，既要估计到发展的可能性，也要留有余地；第三，提出具体努力措施，如朝什么方向改进，基本要做到哪些，要克服什么缺点，怎样端正学习态度，改进学习方法，提高学习能力等。学校领导和教师要指导学生学会制订学习计划，组织学生检查计划的执行情况和修改计划，促使计划得到落实。

四、教学工作的检查与总结

1. 教学工作的检查

教学工作的检查，最重要的是对教师的教学工作检查和对学生学习质量的检查。检查的方式方法很多，如听课、汇报、调查会、座谈会、考试分析、作业分析、教学笔记或教案分析等等。而对教学工作的检查最基本、最经常的工作是对课堂教学的检查，其主要方式是听课分析，对学生学习质量的检查是考试、作业和质量分析。

首先，听课分析要明确听课的目的：听课能了解教师的备课情况、讲课特点和业务水平，能了解学生的学习情况。结合听课指导教学，能更有针对性。听课也是领导干部熟悉业务的重要途径。

其次，要注意听课的步骤和方法。同时，注意对听课过程中的课程教学目的、内容与方法等的分析，听课后要与教师进行意见交换，提出具体的意见与建议。

2. 学生学习质量的检查与分析

首先，学生学习质量的检查有平时检查、阶段检查、期末检查、全面检查、分科分专题检查等形式，检查方法主要有考试、测验、检查书面作业等。学习质量检查的关键是如何运用一定的检查形式，设计一定的检查题目，改革评分办法，提高考试、测验的效度和信度。这是一个很值得研究的课题。

其次，质量分析。对检查中所得到的数据，要进行认真科学的分析，并找出数据背后的原因，才能真正为改进教学提供更多的反馈信息，推动教学质量的提高。

3. 教学工作总结与教学经验的交流推广

首先，为了提高教学质量、提高教师教学水平和领导管理教学工作水平，要定期对教学工作进行总结。教学工作总结多种多样，有教师教学总结、教研组的总结、学生的学习总结、学校领导的总结，既有全面性总结，也有专题的总结。

其次，在教师、教研组总结教学经验的基础上，要组织经验交流。使先进经验得到推广，这是提高教学质量的重要措施，也是促使教师认真做好总结的办法。如果每个学期只是总结经验，领导不组织经验交流，教师对总结工作就会缺乏积极性。

交流推广经验的方式可以在教研组中互相交流，也可选择优良经验在全校经验交流会上进行推广，还可把较好的经验印成书面材料发给教师或推荐给报刊发表。

任何经验都是和一定条件联系在一起的，学习先进经验要防止生搬硬套，既要提倡虚心学习的态度，克服文人相轻和过分强调特殊的思想，又要提倡结合本单位的个人实际，鼓励工作中的创造性。

第三节　教学研究工作的基本管理

教学研究工作作为学校教学工作管理的一部分，是学校管理者系统地、卓有成效地去开展教学研究并实现预定的教学研究目标所进行的工作之和。

一、引导教师科学制订教学研究目标

1. 目标的可行性

"一切从实际出发"是做好工作的首要原则。所以，教学研究目标必须符合本校的实际。如果拟定的目标不符合实际，所开展的教学研究就不能有效地推动本校教学工作的改进。这里所指的客观实际有两个方面：一是要充分理解党和国家的教育方针、政策、法律法规，使我们的教学研究目标与我国教育现代化的需要相适应；二是要充分了解本地区、本校的教学实际（教师的教、学生的学、教学的历史和现状等），只有从本地区、本校的实际出发，充分考虑本地区、本校在教学中需要解决的问题，制订出来的目标才不会是"空中楼阁"。一般来说，研究力量比较雄厚的学校可以组织专门力量，就有关教育方面的重大问题进行理论的研究和探讨；而不具备这样条件的学校则应主要选取与本校教学实际接近的课题进行研究，这样的目标，虽不是轻而易举就可以达到的，但只要通过自身的积极努力和创造性的实践活动，就可以在预定的时间里达成。通过努力而能达到的目标具有增强成员信心的作用，并能激励成员在达成目标后为实现更高的目标做出更大的努力。

2. 目标的层次性

一个学校的教学研究与实验必须有其总体目标，这是毫无疑问的。但是为了达成这一总目标，还必须将其分解为各有关群体（如学科教学研究组）及其成员的单项目标或低一级的子目标。同时，不论总目标、单项目标还是低一级的子目标，都应包括长远目标、中期目标和近期目标（也可以说长远规划目标和近期要求目标）。这样，就组成了一个有层次的目标系统。

教学研究目标的层次性反映了这些目标的从属关系。整体目标决定了单项目标或子目标；长期目标决定了中期目标与近期目标。目标的层次越低，内容就越具体，可操作性就越强。而各类目标又有不同的意义和价值：总体目标具有方向性作用，它体现了总体要求，而其他各类目标是实现总体目标不可缺少的部分。没有具体目标的落实，总体目标的实现就成了一句空话。因此，具体目标的落实是教学研究管理的关键。

3. 目标的导向性与先进性

任何一个管理系统所要达成的目标，对全体成员来说都必须带有明显的导向性。所谓导向性是指目标要符合教学研究的大方向，立足于我国的教育实践，放眼于世界和未来，力求为我国的社会主义现代化建设做出贡献。只有沿着这个大方向前进，我们的教学研究才有广阔的前途，我们的研究成果才有可能为教育事业的腾飞做出贡献。

所谓先进性是指"目标"所显示的前景要优于现状，"目标"所解决的问题是在沿着教学研究的大方向前进中，前人不曾解决的问题（至少是在本地区或本校尚未解决的问题）。要达到此目标，需要成员积极努力，付出创造性的劳动。因此，目标的先进性能鼓舞成员奋发向上，积极进取。

二、教学研究目标实施的管理

1. 组织落实的管理

任何目标都需要通过一定的组织形式才能顺利实施，因而抓好组织落实是实施教学研究管理的重要环节。成立由学校校长或副校长领导的学校教学研究室或教学研究小组，负责全校的教学研究组织与管理事宜。同时，校教研室要加强对教研组的教学研究活动的管理。因为教研组是教师进行教学研究的组织，也是学校教学系统的基层组织，学校的教学研究都是通过教研组具体实施的，它直接影响着教学改革的进程与教学质量的提高。

一个学校的教研活动和教改实验能否扎扎实实、卓有成效地开展起来，教研组长起着十分重要的作用。因此，组建教研组的一项极为重要的工作是确定好教研组长。应当通过自由竞争或民主选举等形式把那些政治思想好、业务能力强、热心于教学研究、有奉献精神、在教学中有较高威望，并有一定的组织能力、责任心强的优秀教师选拔到教研组领导岗位上来。

2. 健全规章制度

制度落实是搞好教学研究管理的关键。只有建立健全的、切合本校实际的各种规章制度，才能保证教研活动正常开展。学校领导应当制订全校的教学研究规划的实施方案，并要求各学科教研组根据学校提出的要求，结合本组实际制订出教研工作的整体规划，每学年或每学期要有活动计划，每个教师要根据教研组计划结合本人实际制订个人的教研计划和奋斗目标。

学校要建立集体备课制度（要明文规定集体备课时间）、听课制度（包括观摩课、研究课）、学习制度（学习教学研究的有关理论、大纲、教参以及外地先进经验）、教研档案制度。这一切都必须做到"三实"，即从实际出发、实事求是、讲求实效。在抓制度落实中，还有两个十分重要的工作要做好，一个是管理者要在制度上保证给教师提供发言和表现才华的机会。事实证明，只有给教师提供充分展现的机会，让那些教学研究有成绩、有成果的教师显露"头角"，才能激发广大教师开展教研活动的积极性。这是活跃学术空气、提高教学研究水平的重要手段；另一个是在条件许可的情况下，通过"走出去、请进来"的方式，学习外地外校的好经验，以不断用"新鲜血液"来给广大教师加强"营养"，提高他们的教学研究能力。

3. 有效开展监督检查

管理科学告诉我们，任何工作只有布置而没有对工作效果的检查是不行的。在学校里，当教学研究没有成为自觉行动之前，往往被看作是不同于教学的软任务。因此，对教学研究的检查尤其重要，管理者不应把此项工作单纯地视为管理者与被管理者的对立行为，而应该参与教学研究与实验，把检查、监督与共同研讨、面对面指导结合起来；把竞争机制引入教研活动中，制订教师的教研量化考核办法，并把教学研究的成绩与对教师的奖惩挂起钩来，与教师的晋级、评先挂起钩来，以充分激发每位教师教研的积极性、主动性和创造性。

三、教学研究管理者的培养

在中小学教学研究的组织和管理过程中，能否有效组织和管理学校的教学研究，在很大程度上取决于学校管理者素养的高低。提高学校教学研究管理人员的素养，主要应从以下几个方面着手：

1. 培养敏锐的观察力以及抓好改革创新精神

只有具备敏锐的观察力，才能在当今教改形势迅速发展、新信息层出不穷的情况下，始终掌握时代的"脉搏"，以教改的新成果、新动向、新思想，来组织和领导学校的教学研究与实验。只有不断用新出现的先进教学思想、教育理论来武装自己，才能更好地"居高临下"，驾驭整个学校的教学改革工作，否则就会落后于形势，教学研究就难以出成果。因此，抓教学研究管理的学校领导，必须解放思想，依靠群众，锐意改革，加强改革力度，加快改革步伐，只有这样才能担当起领导全校教学改革与实验的重任。

2. 培养教学研究计划制订与总结的能力

科学地制订好学校的教学研究工作计划是衡量教学研究管理水平的重要方面，而经常总结教学研究与实验工作的经验教训则是提高教学研究与实验管理工作效率与水平的必经之路。因此，管理者在制订计划和总结的过程中，要深入课堂、深入教研组认真地调查研究，掌握教学全过程各方面的情况，并及时发现带有普遍性的问题，这样才能抓准影响教学研究质量的主要矛盾，不断提高教学研究工作计划和总结的能力。

3. 培养评课以及抓好改革试点的能力

著名教育家苏霍姆林斯基说："听课和评课，是学校领导者的两项主要工作。"对于学校的管理者来说，这种能力是极为重要的。因为课堂教学是教学诸环节的中心环节，它集中地反映了一个教师的教学能力、业务水平、教学经验。经常听课则是提炼教学研究课题的重要途径。听课后要评课，共同研究改进教学的办法。评课的过程就是对具体的教学进行研究的过程。高水平的评课能给教师指出教学研究的努力方向，如果听课后说不出个所以然，对教师研究教学、改进教学没有什么帮助，或者尽说外行话，就会在教师中失去威信。因而，作为教学的组织领导者来说要切实努力学习有关理论与技巧，不断提高自己的评课能力。

与此同时，经验告诉我们，一项改革措施，如制度方面、教材方面或教法方面的改革，是否符合客观规律，是否能在全校广泛实施，都应先在小范围内实验，再视其效果如何而定。因此，无论抓哪一项改革实验，学校领导都应集中精力，先抓好一两个试点（班），在点上取得经验或成果后，再向全校推广。可见，抓好试点的能力也是管理者在教学研究的管理中不可缺少的。

第四节　教学研究实验的组织及其成果推广

在教学研究中，实验占重要的位置。它是认识教育、教学规律的重要的方法。学校的教学研究管理者，必须掌握其一般的规律和方法。同时，教学研究与实验成果的推广，是现代教育信息传播的一种方式。它是有目的、有组织、有计划的一种教育实践活动，其目的就是为了利用这些教学研究与实验的成果在更广泛的范围内指导教学实践活动，从而大面积提高教学质量。

一、引导教师深入理解教研实验的目的

教学研究中的实验就是教育、教学领域中的科学实验。它是一个非常广泛的概念，内容十分丰富。有的实验针对的问题比较复杂，牵涉的因素很多；有的实验针对的问题较单纯，牵涉的因素较少；有的实验是探索性的，是在摸索中前进的，我们称之为试验；有的实验周期较长，有的则周期较短；有的实验是在一定的理论基础上进行的，这种实验也叫决断性实验，即希望通过实验对此理论的正确与否作出判断；有的实验是在实验条件被严格控制下进行的；有的实验则是在自然状况下进行的。

一般在学校里开展的教学研究实验，是对较具体的问题进行有控制的小型实验，它是为了检验教学领域里的某种科学理论或假说是否正确而进行的有计划、有组织的一种教学实践活动。

二、教研实验程序的组织与指导

1. 实验课题的指导

课题是教学研究活动的先导，只有恰当地确定实验课题才能把实验引向正确的方向，才能得到有价值的实验成果。所以，实验的组织指导者必须对教学研究实验课题的选定进行指导，绝不能随便定一个实验课题。

实验课题一般来自两个方面。一个是从本校的教育教学实践中提炼课题。在日常教育教学实践中，存在着各种各样需要解决的问题，领导者应当采取领导和群众相结合的办法，深入教研组充分发动广大教师，群策群力，把那些影响教育教学质量提高的主要问题，那些大多数教师所关心、所迫切需要解决的问题，作为教学研究实验的课题。除此之外，还可以根据不同教师的兴趣和具体情况，确定一些小型的实验课题，以调动多数教师搞好教学研究实验的积极性。

实验课题的另一来源是从教育教学理论、文献中去寻找。任何教学理论都不是一成不变的，应该随着时代要求的变化，随着教育、教学的不断发展而不断发展和完善。由此，可以组织教师研究和发现现有理论中尚不能解决现实教育教学实践的问题，或者虽然已经从理论上提出了解决办法，但解决得不彻底；或者其正确性尚有争议，还有待于进一步研究、探讨的问题；或者我们认为是错误的，需要通过研究找出解决的办法。我们可以从以上这些方面提出实验课题，但学校领导必须引导大家选择那些与本校的教学实际比较接近且有能力去研究的问题，作为自己的研究实验课题。

2. 实验方案的制度

实验方案是实施实验的具体操作要求和方法，必须周密安排，某一方面考虑不到就会影响实验效果甚至导致失败。它包括确定实验因子，明确实验目的，选好实验班和对比班，选择好实验教师，以及实验周期、实验过程各阶段的具体实施细目及阶段检查小结等。

首先，确定实验因子是实验成功的关键之一。实验因子也就是实验对象。其次，选好实验班和对比班是实验成功的另一关键。只有通过实验班和对比班的设置，才能够比较出实验因子所起的作用。此外，还要进行实验教师的选取。选择实验教师并不是要选那些教学水平最高、教学能力最强的教师来承担，而是选择与对比班教学水平相当的教师来担任。所不同的是实验班教师必须有承担实验研究的能力，有一定的观察、认识水平，能写实验方案和实验报告，并愿意承担实验工作。实验还有一项十分重要的工作就是安排好实验过程，把实验因子的作用具体落实到教学中去。

3. 实验实施的指导

在实验的实施过程中，学校领导者应深入第一线和教师共同研究如何搞好实验，如何解决实验中出现的各种问题，并且要做实验班和非实验班师生的思想工作，使大家正确对待实验，特别是在实验过程中出现实验班成绩下降或对比班成绩落在实验班后面的时候更要做好思想工作，以确保实验正常进行。

此外，还应严格控制好实验条件，设法避免实验参与者产生偏向。同时，还要按照教育科学实验的要求，随时做好相关数据的统计工作，并进行定量分析，用科学的数据来说明问题。

4. 实验总结的指导

实验的效果如何，要进行分析总结，并写出实验报告，以便对实验的效果作出正确的评价。

分析总结的一般方法是"执果索因"。因此，首先要分析一下实验取得的是什么果。这就需要对效果进行鉴别。鉴别的重要方法之一，就是对照实验目标，对实验班和对比班进行测试。通过这种测试来说明实验班比对比班的成绩好还是差，还是差不多。

"果"清楚了，再分析出现这种结果的原因，对实验作出结论。分析原因也好，下结论也好，必须实事求是，不能先入为主，掺杂个人的偏见，也不要受某些人事先定好的调子或暗示的影响。总而言之，实验过程提供了什么事实就总结什么事实，有什么经验就总结什么经验，有什么问题就提出什么问题。

最后，要写好实验报告，即把实验的背景（起因）、实验的目标、实验因子、实验的做法、实验的效果、产生这种效果的原因、实验取得的经验和体会，用定性分析与定量分析相结合的办法对这个实验作出结论，写好书面实验报告。

三、教研成果的推广

1. 前期准备工作

为了更有效地推广教学研究实验的成果，必须充分地做好一系列的准备工作。首先，学校领导要准备好一份发言稿，概括地介绍一下该教学研究或实验的全过程，说明这项教学研究或实验是在什么背景下开展的，要解决什么问题，该项研究或实验的成果对于全校教学质量的提高有什么意义等，并动员大家认真学习。其次，要让参加该项教学研究或实验的有关教师做好研究或实验的总结报告，详细介绍该项研究或实验的具体做法、效果，并实事求是地介绍成功的经验和尚待解决的问题，以及在这项研究或实验中的切身体会。还要准备好有关的书面材料和需要展览的实物，如教案、教具、学生作业、测试成绩和试卷等。

2. 组织召开会议

组织召开报告会或研讨会除有关学科的全体教师参加外，还可以请教育行政领导部门、教学研究部门、兄弟学校的有关人员参加。

会议的发言除了事先安排有准备的发言外，还应安排一段时间让与会者进行研究讨论。要求大家对该项研究或实验充分发表自己的见解和评价，对研究和实验的不足提出建设性意见，同时通过这种意见的交流，使与会者加深对该教学研究或实验成果的认识，为研究或实验的推广打下基础。

对为报告会或研讨会提供的研究课题，还应组织评议。评议要充分发扬民主，使大家畅所欲言。目的是为了对该项研究或实验作出更客观的评价。最后还应作出高水平的小结，从理论的高度对有关的问题给予说明。这个过程实际上是对这项研究或实验作进一步的探讨，这对于提高大家的理论水平，推广研究或实验成果是非常必要的。

最后，学校领导还应对会议作出总结，提出关于推广该项教研或实验成果的实施意见和要求。

3. 教研成果的规划

推广教学研究或实验成果的工作量很大，学校领导和教研室应作出具体工作计划，并加以落实。虽然举办的报告会或研讨会为成果的推广打下了基础，但要使大家真正为推广教学研究或实验成果打好理论基础，还要组织好有关理论的学习。这种学习要经常化、制度化。只有从理论上弄清了，才能用这种理论指导好成果的推广，才能增强自觉性，避免盲目性，才能结合自己的教学实践在推广成果时有所创新，以丰富这项研究或实验的成果。

第六章　素质教育管理

当今世界，科学技术突飞猛进，国力竞争日趋激烈。国力的强弱越来越取决于劳动者的素质，这对于学校教育和管理提出了迫切的要求。在这种背景下，中央作出了全面推进素质教育的决定。

中央文件第一次出现"素质教育"一词，是 1994 年 8 月 31 日《中共中央关于进一步加强和改进学校德育工作的若干意见》，意见提出："增强适应时代发展、社会进步，以及建立社会主义市场经济体制的新要求和迫切需要的素质教育。"加强中小学素质教育的管理，对学校管理目标的实现具有重要意义。

第一节　德育教育管理

德育和德育管理是两个不同的概念。德育是"对学生进行思想政治和品德的教育，它包括思想教育、政治教育和道德品质教育"；德育管理是"使德育诸要素结合并运行起来以实现德育目标的计划、组织和控制的活动"。德育管理是为实现德育目标服务的。

因此，加强德育管理，在学校管理中占有十分重要的地位。

一、德育管理的意义

1. 推进素质教育的实行

学校是实施素质教育的重要阵地，特别是中小学在提高全民素质的过程中，起着基础作用。今天的中小学生，是未来社会的主人，他们"都应该有理想、有道德、有文化、有纪律，热爱社会主义祖国和社会主义事业，具有为国家富强和人民富裕而艰苦奋斗的献身精神，都应不断追求新知，具有实事求是，独立思考，勇于创造的科学精神"。他们能否成为时代需要的高素质人才，这就要靠学校的教育，尤其是要靠学校的德育工作。

德育决定了教育的性质和方向，把德育放在首位是教育的普遍规律。加强德育管理，把德育放在首位，一是要把培养社会主义事业的建设者和接班人作为学校教育的根本任务；二是应当使每一个教师既是一个专业课的教师，又是一个德育工作者，既教书又育人；三是应该要求每一个学科的教师从本学科的特点和实际出发，进行政治、思想和道德品质等方面的教育，就是说要把德育渗透到各门学科之中；四是要使德育工作贯彻到教育工作的各个环节中，贯彻到教育的全过程中。教学工作、课外活动、校外活动、党团活动等都要重视加强德育工作。

2. 实现教育培养目标的需要

教育方针的核心问题，就是把学生培养成为德、智、体全面发展的有理想、有道德、有文化、有纪律，热爱社会主义祖国和社会主义事业，具有为国家富强和人民富裕而艰苦奋斗的献身精神，不断追求新知，具有实事求是，独立思考，勇于创新的科学精神的一代新人。这是我国教育的根本目的，也是学校管理的根本任务。学校的德育管理则是实现培养目标，全面贯彻教育方针的一个重要手段。

目前，我国中小学教育中存在的突出问题之一是德、智、体、美、劳诸方面的关系处理不协调，人们都承认德育的重要性，但在实际工作中，却总是把教学工作放在首位。这也与我国目前的升学制度有关。

因为，在高考的招生中，总是以分数的高低来作为录取标准，分数是一个硬指标，而德育却是一个软指标。为改变这种状况，必须加强德育管理。通过科学管理，合理组织人力、物力，实施全面发展的教育，既重视发挥德育对其他各育的定向、导向、支柱和激励作用；又协调德育与智育及其他各育的关系，使五育得到和谐发展，全面提高教育质量，使教育方针落到实处。

3. 促进青少年身心健康成长

从人的成长规律来看，中小学阶段正是青少年长身体、长知识、世界观逐步形成的时期，这是人的一生中的关键时期。在这个时期，他们一方面具有思想活跃、精力充沛、朝气蓬勃、求知欲强、接受新鲜事物快、可塑性强的特点，因而容易接受教育；另一方面，他们思想不成熟，分析判断能力较差，对一些腐朽思想缺乏识别和抵制能力，易受侵蚀而走上歧途。这些特点，有积极方面，也有消极方面。因此，这一时期的德育对人的一生有决定意义，德育必须从小抓起。

二、德育管理的原则

1. 方向性原则

规划和组织实施学校德育工作要从当前我国社会的特点和青少年身心发展的特点这一实际出发，既立足于社会主义初级阶段的现实，又坚持共产主义的方向，引导青少年把自己的理想抱负同祖国的前途、民族的命运紧密地联系起来，激发他们为振兴中华、实现四化而努力学习。同时，大力提倡和发扬道德风尚，自觉抵制不良思想对青少年的侵蚀，保护青少年健康成长。

2. **整体性原则**

德育是全面发展教育的有机组成部分，它贯穿于学校教育教学的全部活动。根据系统论的观点，必须以整体性原则来规划和组织学校的全部教育活动，从根本上克服德、智、体、美、劳各育分家的现象，克服学校德育与社会实践和社会生活脱节的现象，使学校生活各个方面、各个环节形成教育合力，使校园文化、心理氛围、人际关系都充分发挥积极的教育作用。

3. 层次性原则

学生思想品德的形成是一个漫长渐进的过程，层次性原则要求遵循学生身心发展的客观规律，针对不同年龄阶段的学生提出不同的德育目标、教育内容，形成由浅到深、由简单到复杂的按层次发展的序列。

德育管理的层次性原则还要求我们对思想道德水平处于不同层次的学生进行不同的教育。

4. 全员性原则

德育工作应当实行全员管理，从学校领导到全体教职工都是德育工作者，都要在不同的岗位上担负起育人的职责。校长、支部书记负有领导的责任；思想政治课教师、班主任、共青团员专职干部、少先队辅导员是德育工作队伍的主要成员，要发挥骨干作用；广大学科教师要为人师表，教书育人，寓德育于教学活动之中，成为学校德育工作的依靠力量；学校中的一般行政人员和各部门的职工，应通过他们的良好言行和各自承担的工作对学生产生积极的影响。规划和组织实施学校德育工作，只有贯彻全员性原则，才能把学校的各项工作集中到"育人"这一点上，做到教书育人，服务育人，管理育人。

5. 自主性原则

学生是教育的对象，同时又是道德认识和道德行为的主体。因此，在德育管理中要重视学生的自我教育，发挥他们的自主精神，引导他们主动地在活动和交往中提高道德认识，增强道德观念，实现由道德认识到道德行为的转化。

三、德育管理的任务

1. 提高认识，树立思想

树立正确的德育管理的指导思想是搞好德育管理的前提。在德育管理中要求教职工提高对德育管理工作的认识，端正指导思想。要根据社会主义市场经济理论的实际情况，赋予德育具有时代气息的新内容和新方法，并从人力、物力、财力等方面保证德育工作的开展，学校要形成对德育工作齐抓共管的良好风气，促进德育工作的顺利进行。

学校的各项工作都有教育因素，每个教职工都是德育工作者，都要在不同的岗位上担负起教育学生的重任。学生的品德教育无处不在，无时不有，无人不管。它所涉及的方面，远比教学工作广泛。如果指导思想不统一，要求必然不统一，力量就会相互抵消。因此，要端正全体教职工的指导思想，提高全体教职工对德育管理意义的认识，做到"教书育人""管理育人""服务育人"，并帮助教职工掌握德育的规律和方法，使各方面的教育有机地统一起来，形成对德育工作齐抓共管的良好风气，促进德育工作顺利进行。

2. 加强建设，健全机构

学生的德育工作，党支部要管，校长、教导主任要管，学生组织和家长以及社会各界也要管，要能有效地进行德育工作，必须有健全的管理机构，使德育工作从组织上得到保证。必须采取有效措施，改变目前中小学德育工作不足的状况，充分调动广大中小学德育工作者的积极性，鼓励他们发扬献身精神和创造精神，做好工作。

德育工作是一门科学，有其规律可循，只有提高德育工作者的素质和管理水平，充分调动每个德育工作者的积极性和创造性，增强责任感，才能保证德育工作的顺利进行。

3. 建立健全规章制度

规章制度是德育管理有效运行的保证，建立健全德育管理规章制度，使德育工作有章可循，有法可依，有利于培养师生自觉运用规章制度来规范自己的行为，养成良好的习惯，促进德育工作的规范化和制度化。

在学生行为准则方面，《中小学生守则》是对学生进行教育管理的总则。学校可围绕《中小学生守则》，联系学校实际情况制定一些规章制度。如《学生一日生活常规》《课堂常规》《文明礼貌规约》《爱护公物公约》《操行评定制度》《奖惩制度》等。在对学生制订规章制度的同时，也要使教师职责明确，做到有章可循，有规可依，使德育工作制度化、常规化。可制订《班主任工作职责》《值日制度》《家访工作规定》《为人师表规约》《班务工作交接制度》等。

4. 科学评估考核

科学地进行德育的评估与考核，是改进和加强德育管理的重要环节，也是当前中小学教育改革中一项重要的任务。我国中小学德育管理工作，经过几十年的实践历程，积累了十分丰富的经验，但对学生品德的目标管理与评估考核比较忽视。现行中小学德育大纲对学生德育评价作了明确规定，它强调对中小学生品德进行评定是中小学德育工作的重要组成部分，品德评定的基本方法是写操行评语和评定操行等级，并对评定的内容和标准、评定的原则与方法等都作了详尽的规定。这对于进行德育评估与考核具有重要的指导意义。德育管理者的任务就是要制订切实可行的措施，严肃认真地执行，通过对学生品德的评定，促进学生品德的健康发展，提高德育工作的水平。

第二节　美育教育管理

美育管理是对学校美育工作的计划、组织和控制等活动。通过对美育工作的管理，进一步明确美育工作的地位与作用，能保证党和国家教育方针的全面贯彻执行，使学生在德、智、体、美、劳等方面得到全面和谐的发展；也能对学校社会主义精神文明建设起到促进作用。同时，加强美育工作管理，努力创建环境美、积极提倡语言美、大力表彰行为美，以美育为突破口，全面贯彻教育方针，培养新时代的高素质人才。

一、美育管理的意义

1. 推动社会文明建设

教育必须为社会主义建设服务，社会主义建设必须依靠教育。在社会主义精神文明建设中，美育有着重要的地位。美育以美的形象、美的情感陶冶性情，增长智慧，提高人们的思想素质。美育丰富人们的精神生活，使他们充实愉快，精神焕发。美育教人以美的心灵、美的语言、美的行为，涵育人们的道德情操，改变社会的风气。在社会主义物质文明建设中，美育教人按美的要求改造自然，美化环境，教人在劳动实践中体现自己的理想、情感和道德，施展自己的才智、技能和力量。可见，美育是建设两个文明不可缺少的重要内容。

2. 促进学生全面发展

美育的根本目的，就是全面地培养人。美育以美的事物为教材，帮助青少年形成良好的道德品质，提高他们识辨美丑的能力。美育具有道德教化、智力开发、促进人体健美和提高劳动技术的功能。对中小学生在开阔视野、陶冶性情、锻炼思维、发展能力等方面所起的作用是德育、智育、体育和劳动技术教育所无法替代的。离开了美育，青少年的身心便不能得到充分的、和谐的发展，人的个性也不能得到全面发展。因此，"没有美育的教育是不完全的教育"，对中小学生进行美育是全面贯彻教育方针的一项重要任务。

3. 完善学生自身成长

生活在 21 世纪的中小学生，充满了时代的特点。他们热情奔放，思想活跃，勇于探索，善于活动，求知、求实、求变、求美、求乐，反映了这个年龄阶段生理，心理的合理要求。但是，由于他们知识不多，经验不足，阅历不深，在各方面正处于从不成熟向逐步成熟发展的过程，缺乏自控能力，往往会出现一些不好的情况，因此，对他们进行美育是十分必要的，是符合社会实际和学生思想实际的。

二、美育管理的原则

1. 审美目的性原则

美育作为培养、教育青少年的特殊的教育方式，具有凭借审美活动对学生产生潜移默化的影响，达到教育目的的独特作用，许多学校的实践证明，这种教育方式容易为学生接受，也容易收到预期的效果。因此，学校管理者在组织和进行审美活动的过程中必须切实注意美育的目的性，防止消极的影响。

2. 审美方向性原则

对青少年进行审美教育的目的，是使他们树立正确的审美观。社会主义学校的美育是在马克思主义美学理论的指导下通过审美活动培养学生同丑恶事物作斗争的精神，最终达到美化主观世界和客观世界的目的。美育管理必须坚持社会主义方向，重视审美观的教育，培养学生高尚的审美情趣，形成鉴赏和评价美的正确标准，教育和引导学生树立崇高的审美思想。

3. 教师表率原则

教师在教书育人的过程中要起表率作用，在美育工作管理中尤为重要。学校领导和教师乃至职工的思想要进步，感情要健康，语言要优美，行为要文雅，生活要朴素，只有这样，才能以美的心灵、美的语言、美的行为直接影响学生，培养他们审美、爱美的意识和良好的道德情操。美化学校环境是学校实施美育的一项重要活动，学校领导和教职工更应积极投入，在创建整洁、舒适、优美的教育环境活动中，为学生作出榜样。

4. 因材施教原则

美育像德、智、体等各育一样，要面向全体学生，但是客观上每个学生的天赋素质各不相同，兴趣爱好也不一致。因此，美育工作的管理既要通过音乐、美术、戏剧、舞蹈、文学等多方面的审美活动，致力于提高广大学生感受美、鉴赏美和创造美的能力，又要针对学生的不同情况因材施教。要创造条件，配备力量，对具有特殊艺术才能的学生加以精心培育，使他们得到进一步的发展。充分发挥这些学生的骨干作用，是大面积教育取得成效的重要因素。

三、美育管理的基本内容

1. 艺术课程的管理

学校艺术课程主要包括音乐、绘画、书法、舞蹈等几个方面。这些分属不同类型的艺术课程具有各自的审美特性，因此在管理中也就表现出相应的特殊要求。

首先，音乐是以有组织的音响运动构成听觉形象，直接表达感情，反映社会生活的一门艺术。因此，它要求我们首先要创设艺术情景。创设一个富有音乐氛围的教学情景，使学生在愉快的积极的心理状态下从事学习活动。其次，突出情感体验，唤起师生情感共鸣。音乐美育教学的主要途径在于情感的体验、启迪和交流。它一方面要求学生自己深入体验音乐作品所表现的情感内涵，另一方面强调发挥教师的情感传递作用。

其次，绘画是运用线条、明暗等造型手段，在二维空间塑造视觉形象，具体直观地反映生活，表达作者审美感受和审美理想的艺术形式。因此，它要求我们首先做到突出直观性，注意引导，启发学生透过视觉形象的表面，深刻理解和感悟艺术的审美内蕴，探索画家的审美个性和审美观念，进而促使学生形成自己的审美观点和艺术思想。

同时，书法是以点画线条的组合运动与空间构造，不摹写具体物像而致力于传达人的精神蕴意和生命情思的艺术。它要求我们首先感悟书法艺术语言的审美特质。其次，培育艺术修养和文化领悟。

此外，舞蹈是以人的形体动作为主要表现手段，通过有组织、有节奏的动作组合来反映生活、表达情感和生命体验的艺术。它要求首先应当特别注重形体训练与情感体验的结合，以形体动作的审美特性为中介，将形体训练与审美心理有机结合起来；其次，应当把握动作技巧的审美要求；再次，应当拓展形体造型的想象力。

2. 各科教学的美育管理

美育是中小学生全面发展教育的一个重要组成部分，学校课堂教学是审美教育的主要形式。因此，有必要加强对各科教学的美育功能的认识。

首先，人文学科的美育具体落实在各科教学之中，在传授相关知识的同时，体现着以形象和情感体验为基础的审美价值。

其次，中小学自然科学教育中所包含的审美因素和价值主要体现在以真求美、以美引真，大致表现在两个方面，一方面教学的科学性与艺术性的统一和实验过程中的美的渗透；另一方面应让学生通过实验感受物质变化的无穷奥妙。

总的来说，要把美育渗透到学校各科教学之中，应该认真做到充分挖掘各科教材内在的美育因素，使学生在学习知识掌握技能中受到美的教育。注重提高课堂教学手段和环节的艺术美，调动学生各种感官从不同角度感受美、鉴赏美。通过良好的课堂教学气氛，师生情感上的双向交流，体现出各种课堂教学中教学艺术美的巨大力量。

3. 美育讲座的管理

首先，美育讲座的意义在于培养学生的审美兴趣。审美兴趣的培养主要是通过环境影响和个人爱好这两个方面相互渗透影响而成的。对于中小学生来说，通过在校学习生活的熏陶和审美教育等一系列活动，都能产生对美的追求和爱好。同时，美育讲座的意义还在于学习美育理论知识。人们爱美、追求美、创造美，就必须要进一步探讨美是什么，何者为美，何者不美，美之所以为美的原因何在，应该如何鉴赏美和创造美等等，帮助中小学生获得美学基础知识，使他们树立正确的审美观，加强审美修养，提高审美鉴赏能力和创造能力。因此，举办美育讲座不仅在中小学审美教育中具有十分重要的意义，而且也是实施审美教育的一条有效途径。

其次，充分发挥美育讲座对中小学生审美教育的作用，帮助他们初步掌握科学的美学知识、树立正确的审美观。因此，美育讲座应做好如下几个方面的工作：第一，学校管理者要深入了解学生，根据学生已有的条件和可能,提出与学生内心需求相适应的问题;第二,要善于点拨,激发学生的学习兴趣,引导学生共同讨论思考;第三,每一次审美教育讲座的主题要鲜明,应围绕教育和引导中小学生认识美的本质和特征,美有哪些形态、范畴等问题来展开。

4. 课外美育活动的管理

首先,课外活动有助于中小学生良好性格的形成。中小学生在选择参加何种课外组织时就确定了自己的兴趣,甚至确定了自己某一方面的理想与追求。同时,课外活动有助于学生体验生活,理解生活。参加各种活动的学生在其中充当一定的角色,必然能够体会到集体的力量和作用,他们必然要用一定的方式来处理和调节个人与集体的关系,因而对组织性和纪律性会有一定的理解。

其次,课外活动有助于学生审美经验的积累。在课外活动中,学生参加了各种内容及各种形式的审美活动,对美的创造、美的表现、美的欣赏和美的评价,有了一定程度的亲身体验,产生了一定的自我评价,而且他们的活动往往还受到他人的评价、社会的评价。

此外,课外活动进行的审美教育,为发展学生对艺术和现实的审美关系开拓了广阔的前景,丰富了他们的精神世界。因此,学校不能把课外活动看作"自由活动",要克服无教学计划,听之任之的现象,要充分利用好这块重要的美育阵地,做到课堂教学与课外活动相互配合。课内与课外都有计划,按步骤协调统一起来,使之成为一个有机整体,形成学校审美教育的整体效应。

四、中学美育的基本任务

1. 培养学生感受美的能力

学生感受艺术作品和现实生活中的美的能力,必须通过审美感知过程才能形成。培养学生的美感能力，要求管理者采取有效措施，发展他们的美感，并培养他们对美的事物的情感体验，为形成高尚的品德打下良好的基础。

2. 培养学生鉴赏美的能力

要培养学生鉴赏美的能力，首先要求学校管理者正确认识美育的作用，在课程设置上给艺术课以应有的地位。通过声乐、美术、书法等讲座和作品欣赏活动，培养学生鉴赏美的能力，以真正完全的艺术形象作为榜样。

3. 培养学生创造美的能力

要使学生具有美化生活环境，创作文艺作品的能力，学校必须引导、鼓励学生在心灵、语言、行为、环境等各方面追求美，并积极组织文艺活动和文艺创作，让学生有表现美和创造美的机会和舞台，以发展他们创造美的能力。

第三节 体育卫生管理

体育卫生工作是学校教育工作的重要组成部分。管理好学校的体育卫生工作，是全面贯彻教育方针的一个重要方面。它的职能不仅在于增强学生体质，养成文明卫生习惯，而且还有助于学生提高学习效率，形成良好的思想品德，养成健康的审美情操。

一、体育卫生管理的意义

学生的身体素质和健康水平，对于国家和民族的未来，具有重要的意义。加强学校的体育卫生工作管理，不仅对于学生目前顺利地完成学习任务具有十分重要的意义，而且对于学生将来承担建设和保卫祖国的任务更具有深远的意义。

青少年时期是身心发育的重要时期，普通学校教育的对象都是青少年，学校体育卫生工作的质量如何，不仅对于学生在学习阶段能否胜利完成学习任务具有极为重要的意义，而且对于他们将来能否承担社会主义建设的艰巨任务也具有深远的意义。从根本上说，我国年轻一代的健康状况关系到整个中华民族的健康水平，搞好了学校体育卫生工作就能为改善我国人民的健康，提高民族健康素质打下良好的基础。

二、体育卫生管理的基本任务

学校体育卫生管理是依据国家和教育部门颁发的学校体育卫生管理条例和规定，对学校体育卫生工作进行计划、组织、指导、检查、评定的活动，旨在保证全面贯彻教育方针，提高学校体育卫生工作质量，增强师生体质，有效地完成学校体育卫生工作的任务。

1. 提升体育卫生工作的重视度

中小学体育卫生工作的根本目的是："使学生自觉锻炼身体，讲究卫生，促进身体正常发育和机能的发展，增强体质，培养勇敢顽强、团结友爱、遵守纪律的道德品质"。

学校体育卫生工作的管理是整个学校管理工作的重要组成部分。它和学校其他方面工作的管理相互联系，相互渗透。体育与卫生是增强学生体质的密切相关的两个方面。学校教育质量要从德、智、体、美、劳全面衡量，评定学校体育卫生工作的成绩最根本的是看学生的体质是否有所增强。事实证明：由于学校领导人员对体育卫生工作的认识不同，重视程度不同，体育卫生工作的具体安排和管理方法也就大不相同，成效的差异就更显著。可见，学校体育卫生工作管理的首要和关键问题是学校领导必须充分重视体育卫生工作，明确它在学校工作中的地位和作用，以及搞好体育卫生工作管理的意义，才能引导师生提高认识，通过各项管理活动，使学校体育卫生工作的各项要求得以实现。

2. 明确中小学体育卫生工作的根本任务

中小学体育工作的基本任务是指导学生锻炼身体，增强体质，使学生掌握体育的基本知识和运动技能，学会科学锻炼身体的方法，养成经常锻炼的习惯，逐步提高运动技术水平，进行思想品德教育，增强组织纪律性，树立良好的体育道德风尚。上述各项任务是有机地联系着的，其中思想品德教育应该渗透到学校体育运动的各个方面，而学校各项体育活动都应该围绕促进健康、增强体质这一根本任务来安排。

学校卫生工作的主要任务是监测学生的健康状况，对学生进行健康教育，提高学生的健康水平，培养良好的卫生习惯，改进学校环境，加强防病措施，矫治学生常见疾病，使学生的身体得到正常的发育成长。不言而喻，增进学生健康是它的根本任务。可见，体育与卫生的根本任务是一致的，在学校教育的实践中，它们是一个问题的密切相关的两个方面。

3. 提高学生体育素养

树立以面向全体学生为工作出发点的思想，反对只抓少数。学校体育工作要从学生的不同基础出发，通过思想教育和合理的教学、锻炼，促使他们在原有基础上不断增强体质，逐步提高运动技术水平，达到强筋骨、增知识、调感情、炼意志，丰富课余生活，促进文化学习的目的。要切实加强对广大学生的体育教学和活动的领导。

与此同时，既要重点搞好普及，又要注意提高。普及与提高是辩证的统一。在学校体育工作中，对于体育教师力量的配备和经费设备的安排，都必须在保证满足群众性体育运动需要的前提下兼顾运动队训练活动的需要，提倡艰苦踏实的工作作风。要面向全体学生，就必须切实改进体育教学，认真开展广播操、素质操和课外体育活动。努力提高按照《国家体育锻炼标准》的学生达标率，使学生的体质不断增强。

4. 加强学校卫生预防工作

学校卫生工作要贯彻预防为主的方针，必须把健康教育作为主要环节，使青少年能自觉地维护自己的健康，积极地预防疾病，提高机体成长发育的能力。健康教育要求让学生具有一定的卫生知识，并根据年龄特点逐步提高。要在生活实践中逐步培养卫生习惯以及组织他们参加各项卫生活动，改进个人卫生，改善环境卫生，保证他们身体健康，提高学习效率。

三、体育卫生管理的基本内容

1. 建立健全体育卫生制度

（1）体育达标及竞赛制

《国家体育锻炼标准》，是国家为了鼓励和推动人民群众特别是青少年儿童积极参加体育锻炼，以增强体质，提高运动技术水平，培养共产主义道德品质，更好地为社会主义现代化建设和保卫祖国服务，而制订的一项体育制度。在坚持经常锻炼的前提下，每学期进行一次"达标"测验。测验的项目，要事先公布，使学生有目标地进行锻炼。测验成绩要如实记载，和体育课成绩一并记入学籍管理簿和成绩通知单。还可表扬"达标"好的班级和个人，以促进群众性的体育锻炼活动健康地开展。

要健全学校的体育竞赛制度。依照《学校体育工作条例》的规定："学校体育竞赛贯彻小型多样，单项分散，基层为主，勤俭节约的原则。学校每年至少举行一次以田径项目为主的全校性的运动会。"竞赛分校内、校外两类，校内又分校级、班际和班内三级。体育竞赛的形式有全校性的运动会，选拔赛、对抗赛、邀请赛以及单项比赛等。在竞赛中，应坚持和发扬道德，讲求团结友爱、文明礼貌，严防弄虚作假和无纪律的行为。

（2）体育设施维护制

学校体育工作需要一定的物质条件。学校领导管理人员应当努力搞好体育场地，充实器材设备。要建立体育器材保管室，并配有专人负责器材的保管、维修和场地管理。同时要建立制度，充分发挥现有器材设备的作用。要教育学生爱护场地、器材设备，延长它们的使用寿命。

（3）清洁卫生制

保持学校环境和个人整洁与美观，是培养学生良好的生活习惯，陶冶美的情操的重要手段，也是学校与个人精神文明的重要体现。

搞好学校环境卫生，关键是做好思想工作，充分依靠全体师生齐动手，并在制度上做出一些规定。要合理明确地划分清洁区，清洁区一般要做到就近划分，责任到班。坚持每天一小扫，每周一大扫制度；各种节日前组织更大规模的彻底清扫，学校要规定明确具体的卫生检查制度，制订出卫生标准和要求，定期检查与抽查相结合，要量化打分，排出名次，公布于众；要坚持正面教育为主的原则，并可设流动红旗或其他办法，对长期处于卫生领先的班级和小组，应给予物质奖励和精神奖励。

对于个人卫生，也要提出明确要求，进行定期与不定期的检查，发现问题，随时教育纠正。小学要实行"晨检"和"午检"制度，以促进"卫生为荣，不卫生为耻"的新风尚的形成，使学生从小养成良好的个人卫生习惯。

（4）传染病预防制

学校是学生集体生活的场所，传染病尤其是流行性传染病，对师生的安全威胁大，必须严加防范。学校要做好预防接种、服预防药等工作，要认真执行国家颁发的疫情报告制度、传染病患者的隔离制度、患者复学的复诊制度，以预防传染病的发生，制止传染病扩散。

2. 全面实行卫生监督管理

（1）教学工作卫生监督

学生在校的大部分时间是在教学中度过的。因此，教学工作的卫生监督极为重要。首先，课程表的安排既要有利于学生的健康，又要符合科学用脑的要求，做到智力活动多的课安排在学习精力集中的上午前两节，同一学科特点的课要间隔开来，文理两科交替安排。其次，严格控制学生的学习负担，学生的课间休息和活动时间要有保证。每周上课时数、课外作业量和考试次数均不得擅自增加。第三，要求教师讲课的声音适中，板书工整，使学生能听得见、看得清、视听能力得到保护。第四，培养学生正确的坐、读、写姿势与习惯，督促教师对学生严格要求，反复训练。

（2）体育工作卫生监督

搞好体育工作的卫生监督，是保证学生体育锻炼取得良好效果的重要条件。体育锻炼有一定的卫生要求，如锻炼前做好准备活动，锻炼后做好整理活动，饭前饭后和睡前不做剧烈运动等。对身体不舒服的学生应该区别对待，另行组织适当的保健性锻炼甚至暂停锻炼，根据男女学生不同的生理特点和体育教学的不同要求，有条件时实行男女分班授课制。医务人员要主动配合体育教师，经常测定学生的运动负荷是否合理，观察及调查学生参加体育锻炼后身体发育和健康状况的变化。为学校领导和体育教师起好咨询作用。要坚决防止运动性疾病的发生。

（3）生活卫生监督

为了合理安排学生的学习、休息和运动，做到节奏适当，张弛有度，要科学地制订并严格执行生活作息制度，保证学生有足够的睡眠、休息和吃饭时间；根据季节变化，作息时间应作适当调整；生活卫生的重点是饮食卫生；要保证开水和热饭，努力办好食堂；注意学生营养，讲究饮食卫生，防止食物中毒；寄宿制学校应当为学生提供相应的洗漱、洗澡等卫生设施。

3. 积极开展课外体育活动

（1）早操及课间操

早操是在清晨或课前进行，内容一般以广播操为主，也可安排慢跑或提高身体素质的简单练习。通过早操，全面锻炼学生的身体，使学生由抑制状态逐步进入积极活动状态，精神振奋地开始一天的学习生活。

课间操一般是在每天上午第二和第三节课之间进行，时间为10—15分钟。课间操有助于消除紧张学习后所产生的疲劳，使大脑得到积极的休息，提高学习效率。同时身体各部分得到充分舒展，防止形成不良体态，有利于学生的健康发育。课间操内容以广播操为主，还可做脊柱防治操、素质操、慢跑和活动量较小的游戏等。

（2）课外体育竞赛

青少年活泼好动，好胜心强。组织课外体育竞赛活动，符合他们的年龄特征。体育竞赛活动能推动学校开展群众性的体育活动，提高学生的运动技术水平，能为国家发现和培养优秀运动员的苗子，还能培养学生的荣誉感和集体主义精神。

学校管理者对课外体育竞赛活动的管理，要坚持"小型、多样、课余"的原则，有计划地进行。在整个学期中，要做到均衡安排，避免时松时紧。要根据季节特点，安排多种多样的单项竞赛活动。竞赛可在校级、年级、班级之间多种层次进行。竞赛内容既要与《国家体育锻炼标准》的项目紧密结合，又要从本校的实际出发，发挥优势，形成传统，还必须考虑年级特点。

（3）运动队的管理

学校应在普及体育运动的基础上，建立以传统项目为主的运动队。运动队是培养体育骨干的，必须制订训练计划，坚持业余训练。每次训练以60—90分钟为宜。挑选运动队员，要注意以下两个主要条件：一是某项体育技能有较好的基础，能在体育活动中起骨干作用；二是各科学习成绩及格。对运动员要严格要求，严格训练，但不要求全责备。学校领导、体育教师、班主任和科任教师对参加运动队的学生，要在思想、学习和生活各方面给予支持和关心，使他们在德、智、体、美、劳诸方面都得到发展。

4. 强化卫生知识教育

卫生知识教育的目的在于使学生掌握生理卫生的基础知识，提高讲卫生的自觉性，进而养成良好的卫生习惯，树立以"讲卫生为荣，不讲卫生为耻"的新风尚。教育学生养成"五要"（要定时作息，要睡前刷牙，要勤换衣服勤洗澡，要勤剪指甲，要勤理发）、"六不"（不喝生水，不吃不洁食物，不吸烟，不用公共毛巾、茶杯，不乱扔果皮纸屑，不随地吐痰）的个人卫生习惯。要把学生的个人卫生和健康状况作为评选"三好"学生的条件之一。

第四节　劳动技术教育管理

劳动技术教育是我国学校教育的重要组成部分，是学校坚持全面贯彻国家教育方针，培养德、智、体、美、劳全面发展的社会主义事业建设者和接班人的必要途径。同时，劳动技术教育是培养学生的劳动观点，使学生形成良好的习惯，树立正确的劳动态度，培养热爱劳动人民的感情，珍惜劳动人民的劳动成果，并初步掌握一定的劳动知识和技能的教育。

一、劳动技术教育的意义

首先，劳动技术教育能促进学生思想品德的发展。德育是一个知、情、意、行的辩证运动过程，空洞的说教是不能培养和造就新时期的高素质人才的，而劳动技术教育正是辅助德育的不可多得的一条重要途径。实际上劳动技术教育是德育的补充和延伸。

其次，劳动技术教育能促进学生"智"的发展。劳动技术教育是人与自然打交道的过程，是具有实际对象的活动。这种活动"不仅具有运动的技能和技巧本身的特点，其中也以一定的方式反映出感觉、空间观念和思维活动"。学生在劳动活动中，自始至终都在进行紧张的思维和操作，这种由生动的直观形象和由亲手操作引起的思维，要比在抽象的问题和习题上兜圈子，更生动形象，也更能锻炼他们的思维，开启他们的智力，反过来促进基础知识的学习、巩固和提高。

此外，劳动技术教育能促进学生"体"和"美"的发展。适当的体力劳动能促进人体的新陈代谢，增进人体各器官的机能，强筋健骨，从而增强人的体质和体力。马克思曾说过："劳动不仅创造了美的自然界、美的生活和美的艺术，而且创造出懂得艺术和能够欣赏美的大众"。强健的体魄来自劳动和锻炼，美好的家园是人们用辛勤的双手建筑的。劳动既是人们创造物质财富的过程，同时又是一个欣赏美、鉴别美、创造美的过程。

二、劳动技术教育的特点

1. 工作繁杂性

劳动技术教育管理工作是琐碎、纷繁、具体的工作。从学校范围来看，教务处、总务处、各学科教研组、各年级组，甚至学生科技小组、兴趣小组等都与劳动技术教育有着频繁的联系。

2. 专业性

劳动技术教育较强的专业性使得劳动技术教育管理也具有专业性特点。目前，劳动技术教育仍然是中学教育的薄弱科目，专职或兼职劳动技术课教师的劳动知识和技能都有待进一步提高，学校管理者对劳动知识和技能的掌握也很缺乏。因此，学校管理者为了加强劳动技术教育管理，就必须掌握一定的劳动知识和技能。例如，在检查劳动技术课教学情况时，如果学校管理者对教师讲授的劳动知识和技能不甚了解，就不能够客观而科学地评价教师的教学效果，就更谈不上指导了。因此，学校管理者除了不断学习，提高自己的专业水平外，还要深入劳动技术教学第一线，通过兼课、分析课等方式，学习和掌握一定的劳动知识和技能，提高劳动技术教育的管理水平和质量。

3. 阶段性

劳动技术教育管理的阶段性从属于劳动技术教育的阶段性。一部分中学的劳动技术教育分为课堂教学和课外实践两个环节。就课堂教学来说，也有"认知"和"实践"的问题，而不同环节的教育教学活动，具有不同的特点。学校管理者应当根据这些特点有针对性地安排自己的工作。如在课堂教学阶段，学校管理者主要就是要抓好劳动技术课的常规教学管理，尤其是教师教学的基本环节（备、教、改、导、考）的常规管理；在课外实践阶段，学校管理者主要就是要做好劳动技术教育的组织管理和质量管理，如联系实习基地、准备基本的生产或生活用具、指挥劳动过程、评估考核学生劳动成绩等。在农村中学，劳动技术教育管理的阶段性还体现为一定的季节性。这是由农时季节所决定的。农村劳动技术教育管理内容的确定、场地的选择和时间的安排都要随农时季节的变化来进行调整和变换。

三、劳动技术教育管理的内容

1. 劳动技术课的管理

普通中小学开设劳动技术课，对学生进行劳动技术教育，要注意坚持教学为主，合理安排劳动技术课的时间；要严格执行国家教学计划对开设劳动技术教育课的规定，不论是集中安排还是分散使用，都要防止劳动时间过多，或因缺少通盘计划而打乱教学秩序，影响教学工作。

与此同时，要根据中小学教育性质，合理选择劳动技术课内容。中小学教育属于基础教育，同职业技术教育担负着不同的任务。因此，劳动技术课的内容应该根据小中学教育的特点和社会主义建设的要求，选择适应面较广，符合经济发展和日常生活需要的基本劳动技术项目。

必须防止过早专业化和脱离中小学教育实际以及经济和社会发展水平，好高骛远地确定劳动，技术课内容的做法。

2. 义务劳动的管理

义务劳动，是一种直接服务于公益事业的不计报酬的公益劳动。学校组织的义务劳动，包括社会公益劳动和学校内部的公益劳动。学校应当通过无报酬的劳动，使学生了解他们从社会中得到的福利的劳动价值。对集体、对国家、对社会的义务感、责任感，正是无报酬的劳动中培养和形成的。事实证明：一个人在学生时代为社会的无偿劳动中贡献的力量越多，他的内心里就会更深切地珍惜那些似乎与他毫不相干的公共财产，他会为自己的无私劳动感到自豪，从而产生做一个社会主义公民的光荣感和自豪感。

3. 自我服务劳动的管理

自我服务劳动（包括必要的家务劳动）是最简单的日常劳动。劳动技术教育，一般都从自我服务开始。自我服务是培养学生遵守纪律，对别人产生义务感的重要手段。

4. 勤工俭学的管理

勤工俭学是我国学校教育工作的组成部分，开展勤工俭学活动，实行教育与生产劳动相结合，是全面贯彻国家的教育方针，培养德、智、体、美、劳全面发展的社会主义建设者和接班人的有效途径之一。勤工俭学的开展，对提高教育质量，发展我国社会主义教育事业具有重要的意义。

与此同时，开展勤工俭学要把育人放在首位。勤工俭学活动是对学生进行思想教育的重要途径，它可以培养劳动观点和劳动习惯，但这需要有目的、有计划地进行思想教育。通过劳动可以进行教育，但劳动并不能代替教育，劳动不等于教育。只有经过学校和教职工的引导，勤工俭学教育的作用才能充分发挥出来；要把思想教育渗透到勤工俭学的全过程中去，充分挖掘生产中的思想教育因素，不让劳动成为一种不起教育作用的过程，这是目前中小学生管理者亟待加强的薄弱环节。

第七章　总务工作管理

总务工作是学校管理工作的重要组成部分之一，是办好学校的必要条件。学校总务工作管理与学校其他各项工作的管理有着相互制约、相辅相成的关系。实践证明，一所学校的总务工作管理得如何，对教师积极性的调动，教育质量的提高和校容校貌的改变起着极为明显的作用。因此，学校领导人员必须明确总务工作在学校工作这一整体中的地位和作用，按照总务工作的任务和基本要求，实行科学管理。

第一节　总务工作的基本管理

学校的总务工作同政治思想教育、教学和体育卫生等工作一样，从一个侧面担负着全面贯彻国家教育方针，为培养社会主义建设所需要的各级各类人才打好基础的重要任务。顺利实行总务工作的基本管理，对学校管理目标的实现具有重要意义。

一、总务工作的特点

1. 教育性

总务工作要通过为教育教学服务来体现它的教育性。为教育教学工作提供的条件越好，其教育性就越大。因此，必须把握教育教学工作的特点来安排总务工作。如掌握教学工作的季节性，放假前进行全面检查；假期里全力维修，添足设备用品。开学前及时作好准备；按照学校各项教育活动的计划，主动做好后勤工作；根据教师工作特点创造良好的工作环境，改善教师的工作条件，使教师无后顾之忧，专心致志履行职责；结合清点校产、校具和伙食管理，对学生进行勤俭节约，爱护公物，珍惜粮食的教育。

2. 广泛性

总务工作要为教育教学服务，要为师生生活服务，涉及人、财、物、事，面广量大。这就要求与社会上各个方面广泛接触，加强总务工作的计划性，要对财、物的需求作出全面规划，逐步加以实现。平时要把握轻重缓急妥善解决。总务工作还应有预见性，要预见事物的发展变化，因此就要到群众中去，深入到学校的各个角落发现问题，掌握全面情况，主动配合。

3. 科学性

总务工作要讲究工作效率和服务质量，保证及时、准确地满足教育教学工作和师生生活的需要。因此，必须强调科学性，诸如对教室采光的要求、桌椅的高低、教学设施的安全、教学用具的规格，都应坚持科学态度。这就要求管理人员平时要加强学习，逐步精通业务。

4. 服务性

总务工作要为学校的一线工作服务。工作人员的每项活动都是实实在在的服务性活动。在这些活动中要求处理好人与物、物与物之间的关系。要保证学校这台机器的正常运转，就该把服务功能贯穿在教育教学过程的始终和各个方面。

二、总务工作的管理原则

1. 奉公原则

总务工作是为人民当家、理财、管物的。因此，务必处处事事从人民的利益出发，坚持原则，不徇私情，不讲面子，不谋私利。

2. 教育原则

学校总务工作面向全体师生员工，因此不仅要做好总务人员的思想工作，教育他们热爱本职工作，全心全意为教学服务，为师生服务，还要做好广大师生员工的思想工作，使他们能关心集体利益，爱护公共财物，积极参加公益劳动，支持总务工作，尊重总务人员的劳动。

3. 节约原则

勤俭办学是总务工作的基本方针，要想到我国还处于社会主义初级阶段，经济并不发达，更应重视提高经济效益，十分爱惜人力、物力和财力。这就要求总务人员必须发扬自力更生，艰苦奋斗的精神，善于因陋就简，不讲排场，不摆阔气，克勤克俭。

4. 安全原则

总务工作管的虽然是钱和物，然而服务的对象是人，是师生。一切工作必须以有利于促进师生的身心健康发展为宗旨。为此，要十分重视定期安全检查工作，切实采取措施，如预防事故发生，确保师生的安全。

三、总务工作的管理任务

1. 总务工作人员的思想培养

首先，学校领导和全体总务人员要充分认识总务工作的重要性，教育总务部门的人员热爱本职工作，使他们认识到做好总务工作能对学校安定团结、稳定教学秩序、不断提高教学质量起到促进作用；使教师减少后顾之忧，有较多时间用在教育教学工作上，不断提高教育教学质量。其次，要教育总务工作人员有良好的道德风尚，有全心全意为师生服务的好思想好作风，自觉做到遵守国家的财务制度，廉洁奉公。再次，要教育师生尊重总务工作人员的辛勤劳动，支持总务工作；学校领导也要关心总务工作人员的学习、生活等问题，使总务人员心情舒畅，安心工作。

2．总务工作的组织建设

要搞好总务工作，就要有一支精明能干的总务干部队伍。总务工作人员应具备的基本条件应该是：思想上有高度的责任感，工作扎扎实实，又敢于负责，处理问题果断；在执行政策上既能坚持原则，又能从学校实际情况出发，解决问题；在作风上要勤勤恳恳、廉洁奉公；在知识能力上，有一定文化水平，并掌握一定的实际业务知识；在身体上要健康，能坚持工作。

3．总务工作的效率提升

总务工作不仅要为教学服务，在物质供应上做出保证，而且要为教学创造条件，促进教学。同时，还要解决教职工生活方面的问题，这就必然与社会各方面有广泛的联系。因此，要加强工作的计划性和预见性。

学校领导要定期检查总务工作的计划、制度以及工作执行情况，以便及时发现问题，及时调整、改进。

四、总务工作的管理内容

1．总务工作的管理措施

（1）民主管理

用好钱，管好物是总务工作的主要任务。要做好这两方面的工作，固然有许多规章制度要执行，有许多基本要求要贯彻，但最重要的是要树立群众观点，坚持群众路线，依靠群众搞好财务工作和财产管理。因此，学校财务工作是一项有广泛群众性的工作，坚持集中管理与民主管理相结合的原则，对管好财务工作有重要意义。在管理方法上除总务部门有专人管理外，可以采取"财政下放"，充分依靠群众的办法，做到"统而不死，放而不乱"。发挥各部门管理财务的积极性，形成人人当家，个个监督的群众理财的好风气。

（2）量化管理

总务工作十分具体，对每项任务如没有明确要求，缺乏具体指标，就会影响工作质量。为此，必须采取量化措施，凡是可以具体到数量化的要求和指标的，尽可能数量化。不能数量化的也要提出做到何种程度，达到什么水平，以便事后检查评价时有所依据。这样可以使总务工作不致陷入好坏无标准、责任分不清的模糊状态，防止总务人员由于客观上总务工作不可能做到尽如人意，而主观上放松对自己的要求。

（3）责任制管理

总务工作管理要实行各种责任制，首先是总务人员的岗位责任制。要明确岗位职责，对职责的履行情况要有具体记载，以便正确评估和考核每个人员的工作。有些工作由于完成时间较紧，人力显得不足，可采取承包责任制，只要如期完成任务，符合质量要求，可以给予一定报酬。

（4）检查管理

在总务工作管理中，如果只有在重大问题的决策过程中注意发动群众，广泛听取群众意见，调动群众民主办校的积极性，而在执行过程中和事情办完后却不采取群众性的监督检查措施，群众则很难有"参与认同"感。实施的方法有：成立专门的小组，如经济稽核小组和膳食监督小组，定期检查财务工作和膳食管理，召开专门会议，全面评价总务部门某一方面的工作，集中群众智慧，提出意见建议。检查活动一般可通过工会和学生会组织安排。

（5）奖惩管理

奖惩措施在总务工作管理中的可行性在于：①总务人员的工作效率比较明显，有些工作本身有量化指标，容易取得一致的评价；

②总务工作与教育教学工作有所不同，周期短，见效快，并不需要较长时间就能对工作效益作出正确判断；③总务人员在学校里处于第二线，容易有自卑感，在评选先进和行政奖励中往往被置于次要地位，久而久之会影响其积极性和进取心。由于总务人员的工作实绩往往同经济有联系，通过经济效益得到反映，他们的工资收入一般又低于教师，因此对他们的奖励除精神鼓励外，要尽可能在物质上予以体现。

2. 总务工作的管理方式

（1）工作筹划

总务工作筹划就是根据总务工作的任务，研究确定工作重点、必须解决的问题及其行动方案。筹划有远期和近期之分。远期的筹划是为学校的规划服务的，近期的筹划实际上就是管理过程中的计划环节。通过筹划这一管理活动方式，对主要工作项目明确提出目标。

（2）工作部署

工作部署就是布置、安排，把限期完成的工作布置给总务部门，并作出妥善安排。这里所说的妥善安排主要指经费来源和人力的组织两个方面。总务工作的时间性极强，如不及时完成，将直接影响教学，影响秩序，影响整个工作的进展。为此，必须限期完成任务，才能充分体现总务工作的效率。

（3）后期检查

后期检查是学校领导人员对总务工作管理的主要活动。总务人员平时大量的时间是在不同岗位从事旨在实施计划的各项工作。学校领导人员应该有计划地检查经过筹划、已经作出部署的主要项目，根据掌握的情况该肯定的肯定，该表扬的表扬。有些由于筹划、部署的工作而脱离实际的地方，就要重新筹划、部署；有些是出于总务人员办事拖拉或没有认真履行职责，就要及时批评帮助。

（4）合理裁决

总务工作是服务性工作，关系到学校各个部门，牵涉到全校师生员工甚至学生家长和教工家属。有些工作和措施经常会带来矛盾，引起争端。学校领导人员的管理活动之一就是要正确处理这些矛盾，及时解决这些争端，使总务工作得以顺利开展。对总务人员要体谅他们的辛苦和难处，给予正确的评价，只要不是牟取私利，玩忽职守，就要多鼓励，多肯定，防止挫伤他们的积极性。出了差错领导要敢于承担，恰如其分地进行批评帮助，督促他们不断端正工作态度，改进工作作风，注意工作方法。

第二节　财务管理

学校财务管理主要指组织财务活动与处理财务关系的管理，是按照国家财政法规的要求，依据学校教育事业的发展计划，对预算内、外资金的筹措、计划、组织、使用、指挥、监督、调节等工作的管理。

学校的财务工作是整个学校工作的重要组成部分，学校各项资金的安排和使用，都直接关系到贯彻党和国家有关方针、政策，关系到学校各项工作的有效开展。充分发挥学校财务工作的作用，是积极推行素质教育，为国家培养高素质人才的重要条件之一。

一、财务管理的特点

1. 政策性

财务管理的特点，一是政策性强。学校的一切经济活动，从表面看，似乎只是收收支支。可是，该收什么，收多少，什么时间收；哪些该用，用多少，哪些不能用。这些收支活动，关系到学校素质教育的实施，关系到教育素质的提高，涉及到师生员工的切身利益等等。

国家和教育行政部门都有明确具体的规定。学校财务管理，必须根据有关政策、制度，正确处理。

2. 广泛性

学校财务管理不仅为教育教学服务，还要承担育人重任；既管财尽其力，又管物尽其用；不仅要千方百计地节约行政开支，还要利用优势开辟财源；在校内为广大师生服务，在校外与有关部门发生经济联系等等，涉及面较为广泛。

二、财务管理的任务

1. 资金的合理使用

（1）合理筹集资金

一般来说，可以通过五个方面筹集资金：国家拨给的教育经费和各级政府给予的政策性补贴；办好校办产业；利用学校设施，对外实行有偿服务；经上级批准，适当提高非义务教育学生的学杂费；团体、个人、校友、家长和企业赞助。除此之外，近年来，为改善办学条件，在当地政府和教育行政部门的支持下，省、市重点中学可向银行申请低息贷款等。

（2）有计划地使用资金

国家所拨经费和学校筹集的预算外资金，都是学校实现事业计划，开展各项教学活动的财力保证，合理安排，有计划地使用资金，是财务管理的首要任务。

（3）正确调度资金

财务人员在日常工作中，要深入教学第一线，积极地为教学服务，从资金上保证教学所需。对各项财务开支，只要有利于教学的，就要千方百计地支持。但并不意味着要多少就给多少，必须讲究花线的技巧，讲究投资效果，把钱用在刀刃上。做到少花钱，多办事，办好事。

2. 制度的有效制定

学校财务管理，具有政策性强，涉及面广的特点，必须做到职责分明，手续严密，有根有据，有章可循。为此，总务部门领导应根据上级有关政策、法令和制度，结合本校的实际，制订有关财务管理制度，现将各项基本的财务管理制度列出如下：

①财务人员规章制度

②财务人员岗位责任制

③有关财务计划和财务决算等方面的制度

④基本建设财务管理制度

⑤收费标准管理制度

⑥费用开支标准管理制度

⑦财产物资管理制度

⑧工资基金管理制度

⑨资金结算管理制度

⑩学校基金管理制度

⑪收据和发票管理制度

⑫会计档案管理制度

⑬校办企业财务管理制度

⑭经营承包财务管理制度

3. 纪律的监督维护

在财务管理过程中，要解决好服务与监督的关系。讲服务和促进，并不意味放松或放弃监督。财务监督主要是监督学校贯彻执行国家的财经方针、政策、法令和制度，维护财务纪律。当前，学校收费是全社会广为关注的热点问题，要认真对待，要严格遵照中共中央、国务院关于治理乱收费的规定，规范学校收费行为，杜绝乱收费现象。

二、综合财务计划的管理

综合财务是指以学校各项资金为内容的、经过法定程序批准的一定时间内的经费收支计划。它规定着学校财务内容经济活动的范围和方向，反映学校事业建设的项目、规模、经费来源、使用的内容和限度，是进行经费划拨、使用、制约、分析、审计的基本依据。

1. 编制财务计划

（1）编制财务计划的依据

上学年度学校教育、教学、办公、设备、维修等各项工作经费开支情况；本学年度预算内上级拨款基数，另外估计增拨数额，预算外勤工俭学，商品房出租、学杂费和其他创收情况；本学年度学校发展、办实事需要消耗资金情况等是编制学校财务计划的主要依据。需要说明一点：对学校来说，预算内资金收支计划是主要资金来源渠道的大头，计划不好就会出问题。必须严格控制人员编制，严格控制人员开支，各项补助工资的开支应按国家有关规定执行，不得随意提高开支标准。预算外资金中，勤工俭学收入数额由于受市场诸因素的制约，稳定性较小，考虑计划时应有一定的弹性。

（2）编制财务计划的程序

首先，本年度财务部门根据本校下一年度的事业发展情况，向主管部门提出预算资金的需要数；在向主管部门提出预算资金的需要数的基础上加上预算外收入的资金，财务人员编制财务计划草案，对各项开支作具体安排，报校行政审议。

此外，校行政召开办公会议，属常规性的项目比较容易制订，如人头经费，一般地说，变化不会很大。相比之下，制订各部门指标包干，经费划块的金额，则比较复杂，总务处应与各部门负责人反复磋商论证，共同审定支出项目和金额。在各部门上报计划的基础上，财务人员汇总平衡，这中间要经过几上几下，才能拍板敲定。所谓发动群众，参与理财，大概如此。我们认为，制订财务计划要有广泛的群众性，将家底公之于众，便于群众掌握，利于群众监督。当然，制订计划过程中，需要耗费一定的精力和时间。一旦计划确定，执行实施则比较容易，不会出现较大波动，即使遇上资金暂时短缺，供应不及时，也会得到教职工的理解。

2. 执行财务计划

（1）力争节俭

遵照勤俭节约的原则，对每项支出的安排，都应精打细算，做到少花钱，多办事，办好事，办实事，努力提高资金使用效益。

（2）严格执行

落实财务计划要加强计划观念，严格按计划办事，凡列入计划项目的资金要保证不得挪作他用，没列入计划的项目不列支，已列入计划内的项目，如无特殊情况，不得随意更改。临时性急需项目用款要补办计划，由学校主管审批，方可执行。落实财务计划还要注重灵活性。

（3）平衡收支

执行财务计划，实现收支平衡，是财务人员的职责，不可粗心大意。如果出现不可抗拒的情况，原来安排的财务收支平衡形式被破坏了，财务人员要及时向上级汇报实情，同时采取必要的措施，力求达到新的平衡。学校应从实际出发，不拘泥于平衡，具体情况具体对待。如购入较为贵重的教育设备，上基建项目，在资金有缺口的情况下，校行政看准了，就一定要想办法去完成。不平衡的局面是暂时的，有阶段性的，它促使我们开源节流，弥补差额。

（4）定期通报

任何工作都应有布置有检查，财务人员应定期向主管领导通报财务计划情况。除了资金异动数外，还应作异动原因说明，对支出数额较大的项目，要进行分析，提出自己的看法和建议，当好主管领导的参谋。主管领导随时管理计划报告情况，包括上级拨款是否按时到位，收支活动中贯彻财经法规的情况如何，各项支出的经济效益如何，以及往来的资金的清理结算情况等等。对经费划块包干部分，要定期向学校有关部门通报支出消耗情况，督促他们把好资金支出关。

四、预算外资金的管理

学校资金来源通常分为预算内资金和预算外资金两部分。预算内资金是指国家财政的全额或半全额拨款资金。这部分资金的领拨、运用、核算、监督等事项，构成学校预算资金的管理。预算外资金是相对预算内资金而言，是按政策规定由学校自收自支管理的各种资金的总和。

预算外资金一般由按国家或地方行政部门规定的收费部分、按规定为学生代办的收费部分、学校创收部分、捐资部分以及有偿服务的收入等几部分构成，通常具有合性法以及变化性等特点。在对学校预算外资金的管理过程中，要注意正确处理好国家、集体及个人三者之间的关系。实际上，学校预算外资金是国家财政资金的一部分，它必须在考虑国家、集体、个人三者利益的基础上进行分配。同时，这三者之间存在相互依存、相互制约的关系，只有同时兼顾三者的利益，才能调动教职工的积极性，充分发挥这部分资金的作用和整体效益。

同时，学校管理者应分清主次与项目管理的关系。教学需要的资金必须确保，使其上升为主导地位，而这部分资金数额大，项目多，重中有重，要求教学部门分项列出预算，包干使用。此外，还应严格把关，建立财务人员相互制约的管理机制，健全制度，以节约资金，减少浪费，提高资金的使用效率。

第三节　生活管理

生活管理，是总务管理的重要组成部分，它在整个学校管理工作中，处于十分重要的地位。中国俗话说："兵马未动，粮草先行"，为教育教学服务，为师生员工的生活服务，生活管理工作做好了，学校实施素质教育有了强有力的保障，师生员工没有后顾之忧，就能够进一步发挥积极性和创造性，集中精力搞好教育教学。

一、生活管理的特点

1. 服务性

从生活管理的内容来看，生活管理工作是保证学校中心任务顺利进行的服务性工作。总务工作人员必须树立全心全意为师生服务的观念，为学校师生员工提供优质服务。

2. 常规性

常规性工作是指计划性强、有规律可循的工作。生活管理范围内，开学、期末忙，入夏入冬忙，暑假寒假是"黄金"季节，开学前各项准备工作忙。在常规性工作中，还有些是季节性的，应根据季节特点做好生活服务工作。

3. 复杂性

生活管理的复杂性，表现在任务繁多，涉及面广，内外关系众多等方面。所谓任务繁多，涉及面广，是指学校师生员工的生活、教学、各种学校资源要管；生活管理所接触的多项工作要管。所谓内外关系众多，是指校内的有关年级组、教研组，各处室，都与后勤部门有着密切的工作关系；校外的有许多单位与生活管理部门有联系往来。

4. 先行性

生活管理工作是基础，是保障。先行性表现在：一是办学必须具备一定的设施条件，有关为师生准备必要的生活条件要先行；二是每一学期开学前夕，都要提前做好教育教学所需的、师生生活所需的各种物质的准备工作，否则会影响学校各项工作的开展；三是生活管理工作贯穿于学校工作的每一个环节，学校的各项活动都必须有充分的物质条件做保证，这些物质条件的提供都是在学校各项活动开始前完成的。

二、生活管理的原则

1. 方向性原则

为教育教学服务，为师生员工的生活服务，在服务过程中，实行服务育人，管理育人，这是生活管理的方向。

2. 优质服务原则

这是从事生活管理工作人员的工作目标和基本原则。

3. 经济性原则

生活管理中某些服务项目，如食堂，既要讲社会效益，又要重视经济效益。

4. 民主性原则

生活管理工作事关师生员工切身利益，必须真心诚意依靠他们把生活服务做好，一方面要倾听他们的意见，接受他们的监督；另一方面要充分发挥生活服务人员的主人翁精神。

三、生活管理的主要内容

1. 食堂餐饮管理

学校食堂餐饮管理的根本目的就是要以较少的消耗，达到食品营养卫生、丰富可口、方便实惠，以满足学校师生员工的需要。搞好学校伙食工作是中小学生德、智、体、美、劳全面发展的重要保障，是保证学校教育及其他各项工作顺利进行的物质基础。

首先，学校领导必须重视食堂工作，充分调动炊管人员的积极性。总务工作是学校工作的重要组成部分，食堂工作又是总务工作的重点。因此，学校行政领导必须重视食堂工作。其一，办好食堂，改变中小学生的营养较差的状况；其二，食堂工作做好了，师生员工吃得可口舒服，有利于提高师生教与学的积极性，有利于安定团结。学校领导重视食堂工作应落实到行动中；要把食堂工作列入学校的日程，不定期地进行研究，每逢开学宣布工作计划和学期总结报告中均应纳入专项说明；要选拔有才干，有能力，有改革精神，作风正派的人充当食堂管理员。校领导要经常去食堂走一走，看一看，倾听食堂人员的意见和要求。

要办好食堂，必须充分调动食堂人员的积极性。办好伙食是不容易的，必须依靠食堂人员齐心协力，才能满足师生的就餐要求。因此，应经常组织食堂人员学习先进食堂的经验，组织食堂人员研制食堂的工作计划，安排好一周的食谱，通报财务收支情况，传达学校师生的意见和要求，表扬先进；要重视为炊管人员排忧解难。

其次，学校管理者要想办好食堂，必须进行管理改革。建立一套适合本校的食堂管理方法和规章制度，是办好食堂的重要措施。只有改革，才能产生科学的管理方法和严格的规章制度。

同时，改革管理方法，引进竞争机制。有竞争才有活力，才能创新，才能使食堂工作跨上新的台阶。第一，是将"一堂制"改为"一堂多制"，即多种体制办食堂，学校食堂可分成两大块，即经济食堂承包到人，工资脱钩，自负盈亏，学校宏观调控，总务处直接管理；学生食堂属服务性食堂，在学校行政领导下，由一名分管后勤工作的副校长负责，总务处具体指导，事务室直接管理，在学校伙食管理委员会的监督下，实行班长负责制的分食堂独立核算的管理模式；第二，是学生食堂内部引进竞争机制，实行独立核算，公平竞争，定员定额，奖金与效益挂钩，严格控制结余比例。根据工作态度、工作质量、技术水平等对职工综合考核后拉开奖励档次。最后，是在用人上实行竞争上岗，优胜劣汰，全员聘用，对考核不合格者或违纪违法者一律辞退。

此外，学校管理者必须加强职工队伍的建设。没有一支热爱食堂工作，掌握烹调技术，对师生员工负责，热心为他们服务的职工队伍，要办好食堂是不可能的。

为了不断提高职工的素质，学校应采取有力措施，加强对食堂的管理。第一，对在岗的人员，知人善任，合理用人，充分发挥每个人的才能和特长，帮助职工在工作中做出成绩；第二，对新来的工人，上岗前要介绍食堂情况，提出工作要求，明确岗位职责。新工人接受条件后方能上班；第三，采取多种形式，培训在岗炊事人员。岗上的培训，以老带新。要求资历老的职工对技术精益求精，以身作则，起表率作用，注意在实践中对年轻职工言传身教，传思想、帮技术、带作风。年轻职工要尊重老师傅，虚心向老师傅学习。业余培训，外出参观，走马观花，见好就学，见鲜就尝。外出培训，对表现好的有培养前途的青年工人，本人又具有学习条件的，学校可送他到培训机构学习烹调技术。

2. 水电管理

向全校师生员工供水供电，是总务处一项既平常又重要的工作，必须认真抓好。要切实保证及时、卫生、足量的供应，必须充分调动水电职工的积极性和责任感，管理好供水供电，节水节电，更好地为教育教学服务，为师生的生活服务。

（1）用水管理

首先，必须保证学校用水的正常供应。总务部门领导和负责管水人员，应积极主动向当地用水管理部门反映和申报本校教学、生活、生产（校办产业）对用水的基本需求，合理稳定本校用水量的指标。

其次，应建立管理制度和岗位责任制。学校要建立和健全用水管理制度，如计划供水制度，节约用水制度，用水管理责任制度等等。总务部门领导和专管人员要定期检查各种用水制度落实情况，并及时向校长及校行政办公会作汇报。管水责任人应履行岗位责任制，加强日常巡回检查和维修，保持用水设备的完好，及时处理用水中的突发情况，如发现水管有跑冒滴漏现象，要马上进行维修，减少损失。

此外，要做好节约用水的宣传工作。在校内设立节约用水的警语。利用电视、广播、板报、漫画、学生作文、节水征文等形式开展节水教育，普及节水知识，增强节水意识。

（2）用电管理

学校用电管理工作主要包括安全用电及节约用电两个主要方面。

首先，安全用电要求学校必须配备业务合格的电工。合格的电工，应达到"三熟三能"：熟悉电力设备和系统的基本原理，熟悉操作和事故处理，熟悉本岗位的操作规程和制度，能正确分析设备运行情况，能及时发现排除故障，能掌握一般维修技能。合格的电工，应经过业务部门考核并取得上岗证明，应掌握供电设施的运行状态用电负荷分布情况。

其次，学校用电管理必须把节约用电放在重要位置，使有限的电力发挥其最大效能。根据教学、生活的实际情况，合理分配用电指标。严格控制基建、生活、服务加工等某些临时用电。规定学生宿舍和教室自习的房间数量。教室、学生宿舍按时供电和熄灯。根据季节自动控制路灯照明时间。同时，可制订用电管理责任制，各部门要指定专人管理用电情况。

第四节　校产管理

学校资产，即学校财产物资，是指那些单位价值较高，使用期较长，在使用过程中基本上保持其原有实物形态的设备物资。它是学校为完成教育教学任务，搞好生活服务所必须的物质条件。

一、校产管理的意义

学校资产一般包括固定资产、材料和低值易耗品，具体而言，有房屋及有关设施，现代化技术教学装备，教学实验设备，生活服务设备，图书、音像、各种材料物资及低值易耗品等等。

学校的财产物资，是学校办学资金的物化形态，是以实物形式表现的办学资金。它和学校的财务管理，办学资金一样重要，只不过是其存在形态不一样。学校的所有财产都是保证开展教育、教学、生活的重要物质条件。同时，管理好学校财产有利于提高办学效果。

二、校产管理的基本要求

1. 结合实际，节约利用

建造、购置财产物资，必须讲求实际效果，充分考虑国情和经济能力。在校舍建设和教学设备的配备方面，既要满足国家规划面积定额和教学大纲的要求，又要反对不顾实际需要和可能，单纯追求高标准、讲排场和摆阔气的倾向；既要注意数量，更要注意保证质量；克服和防止只管买、不管用，只求价格便宜，不问质量好坏，不管使用效果的片面观点，使建造、购置的各种财产物资，具有适用、耐用、经济实惠等特点。

在财产物资管理中，要着眼于用，着眼于服务，使物尽其用。充分为教学服务，为师生员工生活服务，为学校生产经营服务。必须明确，管理是手段，应用是目的。

2. 健全制度，财目透明

在财产物资管理工作中，要做到家底清楚，必须健全核算制度和管理制度，必须建立必要的管理制度和完备的账务核算制度。财产物资账目是财产物资数量和价值的集中反映，学校的财产物资种类繁多，规格复杂，性能各异，存放分散，只有健全财产账目，才能做到家底清楚。

3. 加强维修，注意保养

在财产物资管理中，要做好对财产物资的维修、维护和保养工作。重视并做好这项工作，不仅可以延长校舍、设备的使用年限，提高利用率，而且，还可以节约学校的经费支出。

4. 加强领导，明确责任

要加强财产物资管理，加强领导，建立健全科学的财产物资管理体系和责任制度。建立一套切合学校实际的组织管理制度，是搞好财产物资管理的组织保证。

三、校产管理的方法

1. 固定资产的管理

（1）清查校产

固定资产的清查，是保证学校财产安全完整，挖掘现有固定资产潜力，提高其利用率的重要手段。固定资产清查是一项复杂的工作，必须加强领导。

在清查过程中，除了查明固定资产的实有数与账面余额是否相符外，还应注意各项固定资产的保管、使用、维修、保养等情况，如有保管不善，使用不当，应及时采取措施加以改进。固定资产如有盘盈、盘亏，必须查明原因，按有关规定处理。

固定资产的清查要定期进行，财务部门、财产保管和财产使用部门，至少每半年要相互核对一次账目，以保证账账相符，账物相符。年终要对固定资产进行全面清查，编制报表上报校行政。

（2）整理建账

在清理物品的基础上，根据被查物品的特点、数量，进行分类登记。本着便于查找物品，又便于记账的原则，形成入账方法：①总账；②分户分类账；③单位卡片。做到账物相符，账与账之间相符，登记卡片式样与账簿基本相符。它的用途，一是以卡片代证，登记资助、赠送、自制的没有发票凭证的物品；二是以卡代账，各单位的卡片即是登记卡，又是账；三是各单位领物持卡。

（3）建立三级管理制度

建立一套切合学校实际的组织管理制度，是搞好财产物资管理的组织保证。对学校各类财产物资，采取专管、兼管、群管三级管理的形式，落实管理责任。

专管，就是专人管理。专管是管理校产的关键，必须确定明确的岗位和责任要求。岗位责任：按上级要求规范、标准，科学地管理学校全部财产，登记账目，检查核实，组织调配、购置，负责维修，配合政教人员，对学生进行爱护公物的教育。

兼管。兼管一般是指对用途专一，横向关系不广，便于管用结合的财产物资进行兼职管理。如文体设备，宜于由音体美教研室兼管，医疗器械，宜于医务室兼管。

群管。群管是指群众管理，发动师生员工当家理财。群管有两层意思，一是学校各教研室（组）、各部门、各教学班的群众代表，如班级的学生财产保留员等参与校产管理；二是全校师生员工，发扬主人翁的精神，认真负责，协助财产物资管理人员管理好学校的财产物资。

（4）对学生进行爱护公物的教育

首先，对学生进行爱护公物的教育，是德育的主要内容之一，应纳入教育计划。在思想工作、班主任工作中，进行爱护公物的教育，应占有一定的地位，常抓不懈，充分发挥学校各部门（如工会、共青团、少先队、学生会）的作用，特别是要依靠教导处、政教处、班主任配合工作。这是进行爱护公物教育的主要途径。

其次，要提倡文明用物，培养良好习惯。中小学生和成人不一样，他们不懂得如何操作和使用设备、设施和用具。财产物资管理人员、老师应当不断教会他们这方面的知识，教育他们养成文明使用各类物品的良好习惯。为安全节约用电，用开关要轻拉快放，课桌平起平放，不拉不推，桌面保持平整光洁，不乱刻乱划。只有从这些细微处要求学生，才能延长公物的使用年限，对青少年的精神文明的教育和良好惯的培养，产生不可低估的作用。

此外，适当建立奖励与赔偿制度。在学校教育活动中，必然会涌现一批爱护公共财物的先进集体和先进个人。学校应当定期（如学期末或学年末）进行检查评比，作为评选优秀班级和三好学生的内容。也可以专项进行评比，对于先进班级和个人，在进行荣誉奖励的同时，应予一定的物质奖励，树立榜样，形成爱护公物的好风尚。对于损坏财产的人，应当进行严肃的批评教育，并根据情节的轻重和接受教育态度的好坏，辅之以适当的经济方面的赔偿。

2. 低值易耗品的管理

低值易耗品指价值低，使用期限较短，或由于物理性能易于损耗不宜列为校产而按材料管理的工具、器具和设备等。

首先，学校管理者可结合本校实际情况，建立低值易耗品的库房，使之商店化。存储一般低值易耗品的库房应充分利用空间，使低值易耗品全部上货架，使之商店化，一目了然。这样做的好处是：东西好找，并且整齐干净。同时，根据具体情况，可将低值易耗品大致分成电料、水暖、五金、工具、化工、劳保、文具、日杂八大类。每一类都集中在一个或两个架子上。这八大类基本能满足学校的正常使用，如遇特殊情况需要的特殊物件可另行购买。

其次，低值易耗品采用专职员工采购的办法。入库时，由库房管理人员凭发票在采购员的监督下上账，写清时间、数量、金额等。采购员应在发票上签字，按类别设立八大类领物账本，凡是领物人员领物，都要登记日期、数量、用途、本人签字。凡属维修项目的，要由维修专职人员来领，特别是电料、水暖件及化工用品。

此外，定时盘库及购物。一个学期采取两次盘库的办法：期中一次，期末一次。某种物品用了多少，要在账本上减去，并在领物本上画红线，标明盘库的时间。红线之后领的东西，作为下一次盘库所使用的数目。盘库后，账本上能反映出各种物品的剩余数。要及时根据实际情况，按类别开出购物单，要求购物人员按类购买。

第五节　校园环境管理

校园环境管理，是学校管理人员依照现代管理原则和方法，科学地组织、调动有关人力、物力和财力的投入，获得并持续保持校园的净化、绿化、美化、秩序化与和谐化的最佳效果。

一、校园环境管理的意义

学校教育的特点是，学校所有的教育教学活动都是在一定环境内进行的，优良的教育环境是一种教育力量。同时，学校的环境代表学校的风格，反映学校的精神面貌，是学校管理水平的直观反映。

学校是学生学习、生活的重要场所，应该经常保持环境的整洁、安静和优美。学校环境对教职员工和学生在工作、学习、生活乃至心理上都有着重要的影响。因此，在学校不仅教职工是教育力量，环境也是一种不可忽视的教育力量。

学校环境一般包含两个要素：一是建筑、设施、设备及相应环境等物质要素；二是校风、学校特色、心理环境等精神范畴的要素。学校的师生员工围绕这两个要素开展德、智、体、美、劳诸方面的素质教育活动，以提高全体学生的整体素质和精神风貌。为此，学校管理者应同样重视这两个要素的建设，以便营造良好的育人环境。

二、校园环境管理的特点

1. 技术性

无论是环境保护，还是种草植树，建雕塑，摆盆景，设计制作都具有很强的技术性。

2. 分散性

从管理所涉及的范围来看，面广点多。

3. 长期性

校园环境管理是长期的，从建校起就有校园环境管理。因此，必须牢固树立持之以恒的观念，使之与整个学校的发展规划联系起来。

三、校园环境的建设

1. 领导重视，统一认识

校园环境建设必须引起学校领导的高度重视。学校领导应认识到：在有限的空间，有限的物力和无限的形式之间，如何发挥积极性、创造力，拓展校园环境育人领域，并进而抓好校园软件环境的管理，不断完善硬件环境的建设，创造一个良好的育人环境。这项工作要作为大事常抓不懈。学校应组成由校长担任组长的校园规划建设领导小组，领导和组织校园的规划和建设；制订多种方案，发动全校师生讨论，提出意见，统一认识，确定总体规划，然后精心组织建设实施，将学校建成花园式的学校。

2. 突出学校自身特色

特色产生魅力，特色是校园环境中最打动人的地方，它以自己鲜明的个性吸引并感召着一代代青少年在这里创造性地学习，在探索中成长。

青少年学生活泼好动，中小学又是人流集中的地方，经常出现拥挤现象，我们所建的校舍，一定要符合中小学生的特点。为此：

（1）建筑物要牢固，特别是楼梯、扶手、楼板和栏杆要结实。（2）走廊、道路以宽些为好，便于学生课后行走疏散、休息或参加各种活动。（3）房屋外部装饰与周围环境要协调，颜色要讲究朴实、美观、大方，以体现青少年学生的特点。

3. 积极营造文化氛围

学校的环境建设要体现育人的精神，突出"文化"的特点，为学生的健康成长营造一种无时不有，无处不在的教育氛围。这是素质教育要求每一所学校，每一位教育工作者必须重视的问题。重视营造文化氛围，有利于发挥其"智化"功能，能陶冶学生的情操，增长学生的知识，开拓学生的视野，使学生在潜移默化中受到教育。有的学校把图书馆命名为"书香苑"，馆内建"足下碑""书籍碑""磨针石"等雕塑。"千里之行始于足下"的"足下碑"，启示学生脚踏实地学习；"书籍是人类进步的阶梯"的"书籍碑"，鼓励学生汲取书籍的营养，踏上"进步的阶梯"；"磨针石"的形象造型激励学生弘扬"铁杵磨绣针，功到自然成"的锲而不舍精神。目的在于提醒学生要脚踏实地，刻苦学习，攀登科学高峰。

4. 尽量做到节省土地资源

学校基建要节省人力、财力，更重要的是节省土地。在总体规划、单位设计时，要本着既增加建设面积，又留给学校较多的活动场地的指导思想，增加校舍的多功能性，一楼多室，一室多用。有的学校在建教学楼、体育馆、学生宿舍时，分别建了地下半架空层，解决学生活动、停放自行车等问题。有的学校，建科技综合楼，体育艺术综合馆等，目的只有一个，即节省土地。

四、校园环境的管理

学校管理过程中，校园环境管理要制度化、规范化、科学化，要加大教师参与管理的力度，加大学生参与管理的力度，加大后勤职工参与管理的力度。

1. 加强组织领导

抓好校园管理，领导是关键。没有一流的校园管理就没有一流的教育质量，没有全校师生参与的校园管理，就是毫无意义、毫无成效的校园管理。校园管理从宏观上看是对物业方面的管理，从微观上看是对青少年学生良好习惯的培养和美好心灵的塑造，是一种素质教育。抓卫生管理是对学生进行思想教育和习惯培养的有效途径，抓校园环境建设和绿化管理的目的在于让环境说话，让花草育人。

2. 强化管理制度

学校要加强校园管理的制度建设，制订学生宿舍管理员、食堂炊管员、绿化工等岗位责任制，完善教室管理制度、学生宿舍管理制度、安全保卫制度、校园环境卫生量化考核等项制度，使校园管理工作有章可循，有法可依。每项制度做到挂在墙上，记在心上，落实在行动上。

3. 鼓励学生参与管理

学生参与校园环境管理，充分发挥团组织和学生会的作用。组织学生参与校园环境管理，这样既促进了学生"自治""自立""自理"能力的养成，又不至于使校园环境管理只成为后勤员工的专职工作，避免了以往的管理范围小，参与面窄且流于形式等问题的出现。在校园环境管理中要充分发挥团组织、学生会的作用，学生干部可组织"学校精神文明宣传队"，设立校园卫生监督岗，由学生干部佩戴标志上岗值勤，全面检查校园环境卫生，评出等次，并定期在全校学生集合时进行讲评，表扬先进，指出不足。

4. 监督卫生管理

学校有些场所，如校园主干道、教学楼的厕所等必须要有专人负责打扫，分工要具体，责任要明确，做到定人、定时、定点清扫，以保持校园内清洁卫生。由于学校活动范围大，单靠专人清扫是远远不够的，还必须依靠和发动全校师生员工。"学校是我家，人人都爱她"，人人动手打扫清洁卫生，实行班级、行政分片保洁清扫责任制，使群管落到实处。只有这样，才能保护校园环境的清洁卫生。

5. 合理开展绿化

校园绿化是学校环境管理的重要内容之一。学校不仅要不断优化育人的精神环境，而且要不断优化育人的物质环境。搞好校园绿化工作，既是物质文明建设的要求，又是精神文明建设的要求。

在设计整体校园建设规划时，应将绿化美化包含在内，绿化规划应体现超前性、科学性、整体性。超前性是指不仅只考虑近期达到的目标，而且要做到较长时间不落后；科学性是指全校绿化布局合理，植物造园、群体景观和行为生态有机结合，将静止的校园绿化景观嬗变为多姿多彩，充满朝气的育人资源；整体性是指绿化工作整体设计一步到位，不搞零打细敲，不搞盲目地建设项目。与此同时，绿化要有本校的特点。学校是育人的场所，校园绿化有其自身的特殊要求，学校绿化不能只停留在美观成荫和固沙防尘上，还要从学校工作的特点出发，充分考虑到绿化的教育作用。

第八章　教育评价与管理革新

各行各业自身的运转调整和控制，都需要进行评价，教育也不例外。教育评价存在于各种教育实践活动之中，是广大教育理论工作者和实际工作者十分关心的问题。

与此同时，教育管理的改革与创新，是人们对办学实践的一种积极的能动的变革，也是社会领域一种开拓型实践，其最终目的在于提高教育质量，多出人才，出优秀人才。

第一节　教育评价概述

教育评价既是教育科学研究的重要领域之一，也是现代教育管理的一个重要课题。重视教育评价，已成为当今世界教育的潮流。可以说，没有科学的评价就不会有卓有成效的教育；没有先进技术参与的科学的评价，也就不会有现代化的教育。

一、教育评价原理

教育评价，即对教育系统的结构和功能，对教育过程和它的后果以及对各个与之有关的事物进行价值判断，它包括了所有与教育活动有直接或间接关系的实态的把握以及价值判断。

教育评价的对象涉及教育的一切方面：从宏观的教育目标、教育结构、教育制度、教育内容及方法、教育行政管理、教育社会效益到一个学校的体制、设施、办学条件、领导集体、教师队伍以及学校各方面的工作直到教育的对象——学生。

教育评价实质上是按一定的价值标准，对受教育者的发展变化以及构成其变化的诸因素所进行的价值判断。对这个概念，有几点必须明确。

第一，教育评价的对象是"受教育者的发展变化以及构成其变化的诸种因素"。它包括了教育的全部领域，并把受教育者作为核心对象。

第二，教育评价必须"按一定的价值标准"进行。

第三，教育评价的本质在于"价值判断"，即教育评价活动的最终目的和归宿，是用一定的价值观对各种状态进行价值判断。

第四，教育评价活动是一个过程，包含着一系列的步骤、方法。同时，教育评价活动过程是有明确目标的，是以实际状态与预定目标相比较的一种过程。

第五，教育评价活动中要采用各种手段和技术以收集信息，分析、处理信息。

二、教育评价的意义

1. 有利于端正教育者思想

教育思想指导着教育工作实践，校长管理学校，教师教育学生，都受到自身教育思想的支配。教育思想正确与否，决定着教育工作的方向、成败。

不可否认，当前相当一部分校长和教师头脑中还存在着一些陈腐错误的教育思想，如只重课堂教学，忽视课外活动；只重知识传授，忽视能力培养；只重学生共性，压抑学生个性；片面追求升学率，忽视素质培养，等等。要纠正这些错误思想，有赖于对校长、教师的教育及其自我教育，也需要上级教育行政部门的努力，甚至还要依靠社会大环境的作用，但不可忽视学校教育评价这一个非常重要的调节手段。通过科学的评价方案的设计和实施，力求评价结果客观、公正，并形成一套管理制度和制约机制，就能较好地发挥评价的导向作用，相对于教育或自我教育，这是一种既科学又强硬的调节方式。如为了端正教师的教育思想，可以根据教育目标，从教师的素质、职责、绩效等方面设置指标，制订标准，将部分教师的错误教育思想加以控制。

2. 有利于调整学生状态

教育评价的方式有利于学生把握自身的学习状态，明确今后的发展方向和努力目标。

在学习过程中，学生通过教师的评价信息、同学间相互的评价信息引起自我评价。通过这种诊断性的评价，可以使学生把握自身的学习状态，从而明确自己今后的发展方向和努力目标。

3. 有利于推进教育改革

学校教育评价是学校内部管理体制改革的保证。学校内部管理体制改革是一项系统工程，不但包括以校长负责制为核心的领导制度的变革，也要求建立教职工聘任制度、分配制度、奖励制度等一整套新的管理制度，而这些管理制度要顺利实施就必须以教育评价制度作为保证，因为教职工的聘任、工资福利的分配、奖励都必须在对教职工的科学评价基础上进行，以教育评价结果为依据，而不能凭经验、凭印象，或由某一个人说了算。而且内部管理体制改革的效果如何，学校效能是提高还是降低了，管理目标达到没有，这些都必须依靠教育评价来回答。

教育评价也可以在改革措施实施时进行，做到边实施边改进，为学校内部管理体制改革把握方向，注入活力。

4. 有利于改进教学工作及管理水平

教师在教学过程中，如果能及时获取各种评价资料，例如学生的学习状况以及学生对于本人教学的反馈等等，在此基础上，对教学计划和教学方法的选择，对教学过程的发展，对教学效果与教学目标的差异进行评价，无疑对于加强教学的针对性，改进教学工作具有重要意义。

我国学校管理学的学者把学校的管理过程概括成"计划——实行——检查——总结"。其中的"总结"实质上就是进行总结性评价活动。因此，教育评价是学校管理过程中的基本环节。通过对学校教育、教学效果、教师工作、总务工作以及行政管理工作等的评价，使领导者获取科学决策的依据，提高学校科学管理的水平。

三、教育评价的原则

所谓教育评价原则，就是指导评价活动的一般原理、法则或准绳。教育评价的原则，体现了评价的指导思想和基本要求，是进行教育评价活动的总的纲要。

1. 方向性原则

所谓方向性原则有两个方面的含义。一是教育评价必须体现社会制度的性质，为一定社会的统治阶级服务；我国的学校教育评价必须坚持社会主义办学方向，促使教育评价为社会主义现代化建设服务；二是教育评价必须体现出时代对教育的要求，以此为学校管理、教师工作、学生学习提供一个努力方向。评价方向的正确性主要通过目标来实现，目标方向正确与否，是学校教育评价性质的根本衡量标准。

教育目标是评价目标的根本依据，而评价目标则是教育目标的具体体现。因此，教育评价的方向性原则，要求我们在进行教育评价时，要坚持教育的社会主义方向，教育评价的目标必须体现教育方针的总要求和总方向。

2. 科学性原则

科学性原则是指学校教育评价过程的各个环节、步骤、方法、技术都应具有科学性，使评估有较高的信度、效度。首先，评价的指导思想、评价理论应是科学的，要根据教育学、管理科学、心理学和统计、测量、评价的科学理论来评价一切活动。其次，评价方案要科学，各指标要有明确、独立的科学含义，评价标准反映教育教学规律和教育方针政策的要求，指标权数应能科学地反映各项指标的地位和相互关系。要做到这些就要运用科学的设计方法和技术，如主成分分析法、对偶比较法、系统工程法等。

在评价方案实施时要尊重客观事实，实事求是，对各评价对象采用一致的标准，避免主观随意性。由于教育评价的内容、方法、工具及评价标准（指标体系）是多样的，如何针对不同评价对象建立起一套最优的评价模式，以求得评价的最佳结果，是非常重要的。教育评价的科学性原则要求我们必须因校、因地、因人、因事制宜，灵活地选择恰当的评价模式。此外，评价标准（指标体系）要有可测性。

3. 客观性原则

教育评价的客观性原则，是指不同的评价者对同一个评价对象，必须采取同一标准，取得最大限度的同一判断结果。教育评价的客观性原则要求我们在进行教育评价时必须深入调查，获得大量客观信息，以此为基础，对教育成果进行客观的价值判断，切忌主观随意性。

4. 民主性原则

民主性原则是指在教育评价准备和教育评价实施过程中必须充分发扬民主，主评者要吸收被评者广泛参加，增强评价工作的透明度。

首先，在制订评价方案时要广泛征求意见，既要征询专家的意见，也不可忽视广大教师、被评者的意见，这样才能使被评者理解评价指标、方案，以积极的态度接受评价，也才能使评价方案更符合客观现实，更为可行。

其次，在评价时不能将被评者置于被动的客体地位，只由少数几个人实施评价，而是要尽量有各方面的人参加，代表各方面的意见。评价信息的采集应根据评价标准要求和评价方法，尽可能通过校领导、教职工、学生、学生家长等多渠道进行，这样使评价有较广泛的群众基础，增强民主性。

此外，在作出评价结论之前，评价结果应尽量与被评者见面，并听取他们的意见，如有失实或不当之处应校正，使被评者心悦诚服地接受评价结论。在再评价时更要广泛发动群众，广开言路，以进一步改善评价方案与评价工作。

与此同时，评价方式上要重视自我评价，将评价对象的积极性调动起来，评价者要主动

四、教育评价的功能

学校教育评价是学校有效管理的重要工具和手段，各项管理活动都与教育评价有着密切联系，学校教育评价在管理目标达成过程中发挥着重要作用。

1. 导向功能

学校教育评价以社会的需要为准绳，反映统治阶级的意志。所以教育评价的导向功能首先是对办学方向、培养目标的引导。教育评价通过评价方案中的指标体系和评价标准，指出学校的工作目标和方向，被评者偏离方向，就会得到低级评价，甚至可能受到惩罚，这样通过教育评价迫使被评者沿政策和上级指引的方向前进。

导向功能的第二个方面是对被评者工作质量的引导，在教育评价中和评价结束后，被评者对照评价指标和评价标准进行自我检查，并

从评价者方面获得信息，明确自己的进展，找出差距，向指标的优等看齐，不断改进工作质量。

2. 激励功能

学校教育评价的激励功能，在于它本身具有科学地辨明是非、公正准确地制订目标达成度的特点。评价方案设计时将评价目标逐级分解，直至分解成可操作的具体指标，通过实施评价使被评者认识到目标的实现程度。

由于人的竞争意识、成就需要，激励被评者不断努力，向既定目标前进，这样就激发了学校干部、教师工作和学生学习的积极性，自觉调控自身行为，做出成绩，达到指标要求。

3. 决策功能

决策是学校领导最主要的职能。要决策就要有足够的信息储备，而信息采集的一个重要途径就是通过学校教育评价。前期的目标是否达到，效果如何；学校的资金分配是否合理，效益如何；学校的教师能力、素质、工作效果如何；学生的素质、能力等的信息提供，都离不开教育评价。决策时形成了几个备选方案，要对备选方案择优，离不开教育评价；在决策方案实施过程中也需教育评价提供信息，以便及时调整，作出新的决策。

总之，学校教育评价的决策功能就是通过评价获得丰富的反馈信息和系统的价值分析，为教育决策提供依据。

4. 诊断功能

学校教育评价就如同一副听诊器，运用它可以诊断出学校各项工作的优缺点。因为评价是将被评者现状与既定目标的对照，在比较过程中可以发现自身存在的问题。通过评价找到不足，同时也就找到了今后工作的改进方向。

此外，教育评价的过程也是严格的分析过程，在各种分析过程中评价是最全面、最具科学性的，这就决定了评价在诊断问题、改进工作过程中居于特殊地位。

第二节　教育评价的方法及内容

学校管理者在组织实行教育评价的过程中，必须遵循科学可行的评价程序，以采用恰当的方法来实现教育评价目标及学校管理的目的。与此同时，管理者应明确教学评价的具体内容，从而有针对性地开展教育评价工作。

一、教育评价的一般程序

进行教育评价必须遵循科学的程序，采用恰当的方法。

教育评价的一般程序是：第一，确定评价对象；第二，确定评价目标，并将评价目标分解为指标体系；第三，编制与评价指标体系相匹配的评价标准体系；第四，建立与上述指标体系、标准体系相配套的计量体系；第五，搜集、处理信息；第六，作出评价结论。

评价对象选好以后，随之就要确定评价目标，并将评价目标分解为指标体系，这是整个评价工作的基础。通常，评价目标可分解为三层而构成一个三级指标体系。当然，也有不分级处理的。这个过程通常是：先由评价者研究制订初步方案，经过归类合并、筛选，最后再依靠专家等修改定稿。

指标体系的建立必须注意导向性、科学性、完备性、独立性和可测性等，以保证评价工作的顺利进行。

在编制指标体系时，首先要考虑导向性，即应该有利于激励教师坚持四项基本原则，坚持全面贯彻党的教育方针，为培养社会主义事业的建设者和接班人多作贡献；第二，指标体系从内容上应该完整地反映教师的工作，以保证必要的内容效度；第三，指标体系要精炼，力戒繁琐、庞杂，尽量避免指标内涵的交叉；第四，为了保证必要的信度，所有的指标要尽量可测；第五，由于教师的工作是一种复杂的劳动，可以在确定指标体系时，既要考虑发挥其形成性评价的功能，又要使其发挥终结性评价的作用。

所谓教育评价标准，就是从数量和质量两个方面，就评价对象关于各项指标所达要求的程度进行价值判断的准则和尺度。评价标准通常由定性标准和定量标准、等级代号及标度三要素组成。关于教师的师德修养这一类指标通常可以采用定性标准，分成优、良、中、尚可、差五等，进行等级评定。编号等级评语时，概念要统一，措词要妥帖，各等级之间要有明显的区分度。定性标准一般也可以通过二次评价的办法，将它转换成定量标准。而如任教班级学习成绩这种指标，则通常采用定量标准，用优良率、及格率等来划分。

二、教育评价的方法

1. 客观测验法

客观测验是以多种形式和多个题目全面考查学生成绩的方法。客观测验主要有是非法、选择法、配偶法、再生法和完成法等。

是非法，即用是非法回答问题时，只需简单地回答"对或错""是或非"。

选择法，是从列出的若干项分枝中选择正确一枝的一种方法。这种方法适用于考查分析、比较、判断和推理等较高层次的能力，评分也能保护客观性，因此在客观测验里应用最为广泛。

2. 论文式测验法

论文式测验又称论文体测验。这种测验，是通过提出问题，让评价对象（被试者）以写文章的形式做出答案，以进行价值判断。论文式测验可以测定高度复杂的理解力和判断力。

论文式测验通常有两种形式：一种是写作文，另一种是指定回答问题。

为了实现评价目的，在采取论文式测验方法时要注意如下几点：

（1）要明确命题的目的、范围，把握好试题的难度。命题过难或过易，都难以做出正确的评价。

（2）要适当控制回答问题的自由度，对作答提出具体要求。自由度过低会影响对被试者真实情况的了解；自由度过高又会使评分受评价者的主观因素影响，削弱评价的客观性。

（3）要事先拟定标准答案及评分标准。

3. 问卷法

问卷法是由口头问答的形式发展而来，它是评价者（教师等）将预先设计好的问题印制成问卷，再发给有关对象笔答的一种方法。这种方法通常用于对态度、兴趣、气质、性格、意见等方面的评价。

在设计问卷题时，内容要尽量简单、明确，避免进行暗示。为了提高信度，问题通常不要求记名。

4. 标准测验法

表面上看，它和客观测验或问卷相似，但标准测验是由专家通过对优秀测验的各种条件的研究而亲自制作的。通常将经过科学程序而制成的标准称为常模。我们只需把被试者测验后的结果与常模进行对比分析，就能测定被试者的程度。由于这样的常模适用范围广，小至一个地区，大至全国，对任何学生的程度都可以测定，具有标准化的意义，所以把这种测验称为标准测验。

为了便于区别，又把标准测验称为正式测验，而把教师自制的测验称为非正式测验。

5. 问题情景法

它是通过向评价对象提供一个问题的情景，就此提出问题，要求他们作出回答，以评价其解决问题的能力。

问题情景，范围很广，既可以是实际的情景，也可以是假定的情景，甚至可以是实验的情景或书面的问题情景。但是，在问题情景中所提出的问题，不能是那些仅仅依靠对知识和技能进行回忆就能解决的，而必须是要求被试者灵活运用已获得的知识、技能和原理才能解决的。当然，应答的方式可以多种多样，有笔述的，也有口述的，还有实际操作的。尽管方式不一，但目的都是为了考查被试者解决问题的能力。

6. 评定法

它是通过比较来相对地确定评价对象所表现的一定特性和反映其在群体中所占地位的一种方法。

评定法又有序列法、评定尺度法及检核法之分。序列法就是将群体中各成员的状况相互进行比较，按照最优到最劣的顺序进行排列的一种方法。评定尺度法是预先制订若干等第，然后确定评价对象相应等第的一种方法。检核法与评定尺度法相同，是作为客观化的方法对观察结果进行检核，但它不像前者那样将对象划分为若干等第，而是着眼于从某种特征的"有、无"或"能、不能"两个方向进行评定。检核法具有较高的诊断价值，因此应用很广。

7. 面谈法

它是指评价者直接面对评价对象，在观察其特点的基础上，就其有关事项进行谈话，以达到了解对象的一种方法。

通过各种方法所搜集到的信息通常有非数据型资料、数值型数据和非数值型数据等三类。这些资料必须经过汇总整理才能进行分析处理，使之转化为对评价对象进行价值判断的依据，以便最后做出科学的评价结论。

三、教育评价的内容

（一）学校工作的评价

1. 管理工作的评价

学校管理工作评价有广义和狭义之分。广义的学校管理工作评价就是学校评价，是对为达到学校教育目标所进行的一切活动、一切人员、一切资源的评价。狭义的学校管理工作评价可以这样来理解：如果将学校的各项工作划分为两个部分，一部分是各项业务工作，如教学工作、德育工作、体育工作、后勤工作等，另一项工作就是学校管理工作。我们这里讲的狭义上的学校管理工作评价就是对后者这种为各项业务工作的目标达成而进行的一切活动、状态等的评价。

（1）领导集体的评价

领导集体的评价应从领导的个体素质、整体结构、办学思想、党政关系等方面来进行。

领导个体素质评价通常可从政治思想素质、文化教育素质、业务素质、身心素质、工作作风等方面进行；整体结构的评价包括合理的数量结构、年龄结构、专业结构、智能结构、性格结构五个方面；办学思想指学校领导的办学方向能否坚持社会主义方向，学校的培养目标是否符合国家的教育方针政策的要求，领导的管理思想是否坚持以人为中心，尊重、依靠广大教职员工办学等；党政关系是指党政能否做到职责分明，工作上互相支持，党政领导团结合作搞好学校的领导、管理等工作。

（2）组织机构的评价

组织机构是否合理有效，直接关系到教育教学工作的质量。评价组织机构应健全、合理、有效。其具体指标是：机构的设置是否健全，是否合理；各种组织机构职责分工是否分明；组织机构上下层次和同一层次部门之间能否有效地沟通，信息反馈、决策指挥是否畅通等。

（3）办学条件的评价

办学条件的评价可考虑以下几个指标：教学场地设施能否保证教育教学各项活动的需要，如有无独立的校园、体育场、餐厅、图书馆、办公用地、教室、学生宿舍、校外教育基地等，各项场地的面积、规模有没有达到规定的标准；教学设施和设备能否保证教育教学活动的需要，如课桌椅、图书资料、实验仪器设备、体育设施、劳动设施等；教师队伍、管理队伍的数量和质量如何；学校各种设施布局是否合理，学校校内、校外的环境如何等。

（4）管理过程的评价

学校管理过程一般由计划、实行、检查、总结四个环节组成，评价管理过程就是要看管理的各个环节是否完善，运行状况如何。主要指标有：计划与目标是否吻合，计划的内容是否科学、全面，计划中的措施是否得力等；计划是否得到认真的施行，贯彻落实情况怎样；检查是否形成制度，能否以目标为依据，能否灵活运用各种检查方式，检查的方法与效果怎样；总结所依据的资料是否全面、准确、真实，总结的成绩、问题是否符合实际工作情况等。

（5）制度建设的评价

健全、合理的规章制度是提高工作效率、实现中小学管理工作规范化的重要保证。学校规章制度的评价对象主要是学校制订的规章制度。在评价时主要看学校各种制度是否健全、制度是否得到贯彻执行、学校的各项工作是否井然有序，有条不紊。

2. 教学工作的评价

教学是学校的中心工作，是素质教育的核心组成部分，要提高教育质量首先要提高教学质量。而学校教学工作评价发挥的信息反馈、诊断、评比等功能，都有助于教学质量的提高。

（1）教育活动的评价

学生的成长与发展是通过各种教育活动来实现的。为了促进学生的成长与发展，必须有效地开展各种教育活动。

教育活动的评价，包括思想政治教育活动的评价、教学活动的评价、体育活动的评价、劳动教育活动的评价等。

（2）直接控制教学过程的要素的评价

任何教育活动，都包括四个基本要素，即受教育者、教育者、教育内容和教育手段，其中直接控制教学过程的要素，是指教育者、教学内容和教学手段，即教师、课程和教法。这些要素对教学活动的内容和状态起着决定性的作用，直接关系到教学活动的实态。

3. 体育卫生工作的评价

体育卫生工作评价主要指如下内容：第一，基本条件，如组织机构、师资队伍、经费投入、场地器材等；第二，工作管理，如规章制度、体育教学、课外活动、课余训练、运动竞赛、卫生保健（包括健康教育、青春期教育，卫生监督工作落实，常见病、多发病防治等）；第三，工作实绩，如人才培训、体育教学成绩、体育达标、发病率等。

4. 课外活动的评价

课外活动是实现因材施教，发挥学生兴趣、个性、特长的重要教育活动，但目前很多学校对课外活动评价并不十分重视，以致影响课外活动质量的提高。课外活动评价大致应从以下几方面进行：第一，课外活动的地位，主要看学校领导重视程度，有无计划，有无经费等；

第二，课外活动的组织实施，如活动开展的频率、内容是否切合学生的需要、辅导老师的素质等；第三，课外活动的成效。

（二）工作人员的评价

1. 校长的自我评价

影响学校领导效能的因素很多，有教师素质、生源、学校设施等内部领导环境，也有教育领导体制、上级教育行政部门、教育政策法规等外部领导环境，但校长自身是一个极其重要的因素。校长在学校居于极其重要的地位，中小学实行校长负责制后，校长拥有更大的自主权，在校内的影响力也更大。

鉴于校长在学校中的特殊地位，校长评价应包括以下内容：

（1）校长素质

政治思想素质，如办学指导思想、领导作风、道德品质等；文化业务素质，如学历、教育教学水平、教育理论水平、管理科学知识、领导工作能力、创造精神、身体素质等。

（2）校长职责

全面贯彻执行国家的教育方针、上级指示，领导组织教学工作、思想政治教育工作、体育卫生工作、总务工作、人事管理工作，提高教师的教育教学水平等。

（3）校长绩效

工作实绩，如管理目标完成情况、教职工积极性高低、财物使用管理效率、学校特色等；工作效率，如处理工作的时效性、解决问题的准确性等。

2. 教导主任的评价

教导主任是具体组织学校的教学、教务、思想政治教育工作的行政职能机构负责人，是校长管理教育、教学工作的主要助手。

（1）素质要求

对教导主任的素质要求评价主要包括教育教学实践经验，教育学、心理学、管理学的基本理论知识，熟悉学校管理过程，组织管理能力强，身体健康等等。

（2）职责要求

教导主任主要负责学校教学工作，协助校长提出学年或学期的教学计划及执行管理；经常检查、督促、评价计划的执行情况；负责组织、领导教研室工作和班主任工作，协调学校各方面的教育力量；教务管理；负责教师的考核工作等。

（3）绩效要求

绩效要求主要包括工作成绩，如学校教育教学各项工作的成绩，教学秩序良好，每个教师得到合理使用，教师业务水平逐年提高，教师团结一致，工作积极性高等；工作效率，如处理工作中出现的问题及时、无误，使广大师生满意等。

3．总务主任的评价

总务主任是具体管理学校总务工作的行政负责人。总务主任评价包括如下内容：

（1）素质要求

总务主任要具有一定的经营管理知识，具有较强的社会交际能力，具有崇高的精神境界和热情的工作态度，勤勤恳恳，任劳任怨。

（2）职责要求

做好学校教育教学工作的一切物资供应，为教育教学创造良好条件，管理师生员工的生活、福利和卫生保健工作，努力改善生活条件，管理好学校校产和财务工作，领导总务处的日常事务工作，做好本部门职工的思想政治教育工作等。

（3）绩效要求

总务主任要能够调动总务工作人员的积极性，很好地完成各项工作任务，工作效率高，师生满意。

4. 班主任的评价

（1）素质要求

班主任应具备政治素质、道德素质、育人能力素质等。其具体内容是：思想政治进步，忠诚于人民教育事业；热爱学生，作风正派；业务水平高，有一定的教学经验和组织能力；能正确处理同事之间、师生之间的关系；身体健康，精力充沛。

（2）管理能力

班主任的班级管理能力应包括对学生思想行为的控制，对学生个性品质的洞察能力，对学生心理过程的洞悉、指导，组织和管理学生的课外活动，制订班级工作计划、班级管理目标、班级必要的规章制度等。

（3）绩效要求

班主任绩效要求主要包括学生思想品质提高状况，学习成绩的提高，班风、学风的好转状况等。

（三）教育对象的评价

教育活动的最终目标在于使学生得到健康的成长与全面的发展。因此，衡量任何学校工作的根本标准不是经济收益的多少，而是培养人才的数量和质量。

根据上述观点，任何教育活动的前提条件、发展过程以及各种成果都应该依据学生的发展状态来进行评价。因此，学生这个对象在教育评价中必然居于核心地位。对于教育对象的评价是教育评价中最重要的部分。事实上，从狭义角度使用教育评价这个概念时，人们就是仅以学生为评价对象的。

教育对象评价所包括的内容很广，包括思想品德的评价、学习能力的评价、智能的评价、身心素质的评价等。学生质量是学校教育教学和管理工作的出发点，学生质量的高低是衡量学校教育工作成败的根本尺度，从这个意义上看，学校教育质量评价归根结底是对学生质量的评价。

在对教育对象进行评价的过程中主要有以下几个方面：第一，思想道德；热爱中国共产党、热爱社会主义，有作为一个公民的道德和责任心，有良好的道德认知、道德情感、道德行为。第二，知识能力；基础知识扎实、知识面广，有良好的学习习惯和科学的学习方法，自学能力强，学习积极性高，思路开阔，善于思考问题、创造性地解决疑难问题等。第三，身体素质；有良好的体质，有一定的运动能力，有良好的体育锻炼和卫生习惯。第四，审美；有一定的美学知识和鉴赏能力。第五，劳动技能；具备一定劳动技能基础知识，劳动态度好，具有应有的劳动技能。第六，心理素质；兴趣、才能充分发展，有较强的意志品质、耐挫力等。

第三节　教育评价方案的设计及实施

教育评价方案的设计是教育评价准备工作最重要的一项内容，是开展评价活动的首要任务。

同时，学校教育评价在学校教育教学改革中，在学校管理工作中都有很重要的意义和作用，但是如果对教育评价不进行精心组织，学校教育评价不但不能达到预期的目的和发挥应有的作用，反而对学校目标的实现产生不利影响。学校教育评价的组织实施一般要做好评价的准备工作、评价的实施工作、评价的总结工作等。

一、评价方案的设计要求

1. 明确目的性

目的性决定了全部教育活动的内容、方式、方法和预期结果。例如教师评价，如果评价是为了衡量教师是否合格，鉴定教师等级，确定评价标准时则主要依据外部规定，如国家有关政策法规、教育部门有关文件规定，一般不考虑一校的具体情况；如果评价目的是为了评选先进，则评价标准的基本依据是学校内部教师工作的平均水平状态，而评价内容、组织实施、计量方法等都与前一种目的下的评价不同。可见评价目的对于评价方案的重要性，所以评价方案必须体现评价目的，并努力保证评价目的的实现。

2. 具备可行性

方案的可行性包含以下三层含义：一是方案既要体现教育评价的原则，又要切合评价对象的具体实际；二是方案要有能实施的规定和可操作的方法，不能只是抽象化的条文；三是要简单明了，方便可行。

二、评价方案的设计步骤

1. 确定评价目的及目标

确定教育评价目的主要是解决"为何评价"的问题。明确教育评价目的有助于统一全体评价人员、参评人员的思想，对后续的所有评价活动起着指导作用，其意义十分深远。

对教育领域进行评价，就是将评价对象的实际状态与预定目标相比较，进而作出价值判断的过程。在教育这个大系统中，各个子系统都有其目标，每项教育活动也各有其目标，作为教育评价对象的各个教育子系统和教育活动都要根据这些教育目标和管理目标来确定评价目标。作为建构指标体系的评价目标，既可以是既定的培养目标、教学目标以及各种教育工作、各类人员的职责目标，也可以根据教育发展要求和教育评价目的，由人们设想的、期望评价对象所要达到的境界。

2. 设计评价指标体系

（1）目标分解

进行目标分解并提出初拟的目标是指标体系设计最常用、最基本的途径。分解目标就是将概括化、抽象化的评价目标层层分解，直到分解成可测的指标为止。分解的层级应有个"度"，分解的层级多了，虽然具体，但过于烦琐不便于操作；分解层级太少，指标数量少，但往往太粗，也不便施评，一般将分解层级控制在三层。

（2）指标筛选

初拟的指标一般较为注意完备性，指标数量比较多，但有的是主要的，有的是次要的，各指标之间也可能出现交叉、重复、包含、矛盾关系，必须对其分析、综合，使指标达到少而精的要求。

（3）理论论证

经过以上程序筛选所得的指标，是否符合评价要求，还须从有关学科的科学意义上进行理论上的推导。主要从以下几个方面来进行：是否符合教育教学规律、原则的要求；是否符合国家及各级教育行政部门的有关政策法规；是否符合指标设计的原则；是否符合评价对象的实际。

（4）实验预试

指标体系经过筛选、论证后，可以同评价标准体系和计量体系匹配，选点在小范围内试验，看是否可行，试验后再对指标体系作修改，最后定稿。

3. 赋予指标系统权数

在指标系统中，各项指标在系统中的状况不仅是相关联的，而且各自的地位和作用也不同，依据一定的原则和方法赋予指标的这种地位和作用以数量表示，称为权重系数，简称为权数。由于权数的差别，各个指标在整体中的地位就有了较为清晰的排列，它告诉人们哪些评价内容是重要的，哪些稍次，并影响着人们对各部分内容的重视程度。

4. 评价标准的制订

评价标准是评价方案的实质性内容，它和评价指标一样，与目标的关系十分密切。如果说，评价指标是对目标的分解和具体化，那么评价标准则是对目标的质量要求的具体化，并将这种具体化加以清晰、明确的描述。所以，评价指标和评价标准是有区别的。有了评价指标，需要进而提出指标的评价标准即质量标准，否则不能进行事实判断和价值判断。评价指标确定后，教育评价标准的制订就成为评价方案设计的重点和难点。

教育评价标准是人制订的，但它并不是主观臆造的东西，必须有客观依据。

首先，必须考虑到国家教育法规、法令、条例、教育方针、政策的要求，这是由评价标准规范性、方向性规定的。

其次，必须遵循教育教学规律和理论。教育评价是实践性较强的活动，评价标准要符合教育实践，就不能不接受教育理论的指导，尊重教育规律，这是评价标准科学性的要求。

此外，必须考虑到评价对象的现状，这是评价标准对象性、可行性的要求。

5. 确定评价方法

一个完整的评价方案对评价方法也应作出规定，这里对讨论的教育评价方法主要指信息采集的方法和分析、处理评价信息的方法。

信息采集的方法主要有观察法、谈话法、问卷法、个案法、文献资料法、测试法、统计法、抽样法等。

三、评价方案的具体实行

（一）准备工作

1. 评价的组织准备

评价的组织准备主要是指建立评估的组织机构，诸如评价委员会、评价领导小组、评价办公室等，作为学校的教育评价工作部门，作为负责领导组织、实施学校教育评价。根据中小学组织机构的特点，这种评价组织应是非常设机构，随着教育评价对象、内容、目的的不同，教育评价机构可依托相应的机构开展评价工作，教育评价组织机构也随之发生变化。如德育评价的组织机构可与学校德育工作机构统一起来，教学评价组织机构可与教学工作机构统一起来。

2. 评价的人员准备

评价的人员准备不仅要组织一定数量的人员参加教育评价工作，还要对这些人员做思想动员、教育评价理论和知识培训等。学校者可根据不同的评价对象、内容、要求，选择合适的人员参加相应的评价机构，承担相应的评价任务。由于评价机构是非常设机构，自然而然地参加到评价机构中的人员也不可能是专职的。

3. 评价的舆论准备

正式开始评价活动之前，必须向全体评价对象进行开展评价活动的动员，阐明本次评价活动的目的、任务，宣布评价方案，动员全体评价对象积极参与评价活动，共同努力完成评价任务。要求评价者和被评价者处理好日常工作与评价工作的关系，同时也要组织评价对象学习评价方案等评价文件，根据日程安排做好迎接评价的一切准备，必要时可进行自评活动。

（二）方案实施

学校教育评价方案的实施是评价人员以评价方案为依据，收集、处理评价信息，在此基础上对评价对象进行价值判断的过程。学校教育评价的实施，是学校教育评价的中心环节，是检验评价方案的唯一方式，是发挥教育评价作用、促进学校管理科学化、规范化的完整过程。

学校在设计方案的基础上，针对教育评价的具体内容逐步实施，在此不再详细叙述。

（三）总结工作

评价总结阶段的主要任务是对评价活动进行再评价，撰写评价报告，以总结评价的经验教训，为继续开展评价工作提供借鉴。

1. 进行再评价

再评价即对评价的评价。从再评价的内容看，它主要包括两个部分：一是反馈前对评价的评价，侧重于对方案实施的可靠性、有效性和评价结果的精确性进行论证。二是反馈后对评价的评价，包括评价对象对评价的接受程度、评价对教育工作和管理工作的促进程度等的评价。

2. 整理评价资料，建立评价档案

每次评价后，会收集到有关评价对象的大量信息，它们是学校工作的真实写照，虽然评价已经结束，但收集的信息不可随便丢弃。另外，评价方案、评价用具、有关评价的规章制度等，都应分门别类存档，对学校以后开展类似工作、了解学校情况、进行管理决策等都有好处。

3. 撰写评价报告

所谓评价报告，是对整个评价工作进行全面总结的报告，它对评价过程、结论进行全面的叙述和提出相关的建议。

评价报告一般包括报告标引、报告正文。报告标引包括评价报告的题目、评价者的姓名、评价报告接受者的姓名、报告执笔人的姓名、编写报告的时间。报告正文是评价报告的主体，一般包括以下内容：（1）概要：简述评价的时间安排、评价机构、人员；（2）评价方案的背景信息：主要描述评价方案是如何产生的；（3）评价方案的实施过程；（4）评价结果及结果分析；（5）评价结论和建议。

第四节　学校管理的改革

学校管理改革应是整个教育改革的重要方面，也是学校领导者的一项基本任务。因此，增强改革意识，积极投身教育改革实践，是学校领导者必须具备的重要素养。

一、管理改革的意义

学校育人工作的特点之一是周期性长，因此要求工作秩序力求稳定，建立常规；但是学校育人工作又要面向未来，迎接新技术革命的挑战，为未来社会服务，因而又要打破常规，进行改革。常规管理是改革的基础，改革又是常规管理的发展，改革进行的程度，往往代表了一所学校的发展速度和活力。

青少年是我们国家的未来，新时期的中小学素质教育对人才的思想政治素质、科学文化素质和身体素质等方面都提出了更高的要求。

学校管理的改革无疑要靠具有改革意识的学校管理者，现代中小学校长应是个教育改革家。

二、改革的相关理念

学校管理在改革中要掌握教育的特点，根据教育的特点，积极稳妥地组织进行，努力处理好各种理念之间的相互关系。

1. 长远和当前的关系

教育具有长期性，俗话说"十年树木，百年树人"，就是这个道理。但这绝不是说在学校工作的每一个具体事项、具体环节上可以慢慢来。应当认识到，青少年的成长过程具有明显的阶段性，教育必须根据青少年成长的关键时期进行适时教育。这就要求学校的教育改革和管理改革，要处理好长远和当前的关系，既要有长远目标，又要有近期打算。

（1）从技术改革入手

技术的改变，主要是组织完成任务所用的方法和设备的改变。在学校教学改革中，不少学校采用现代化教学手段，用计算机辅助教学；改革教学方法，通过提高45分钟上课效率等提高教学质量。

（2）从组织结构入手

结构的改变就是重新进行组织，包括重新划分和合并原有的部门，协调各部门工作。调整管理幅度与管理层次，以及给某些部门一定的自主权。如有的学校为了加强政治思想教育，用年级组为主结构代替原学科教研组；为了加强集中领导，减少层次，用思想工作委员会和教学工作委员会代替教导处工作等。

（3）从外部环境入手

学校不但要适应外部环境的变化，而且要主动调节外部环境，使之在最大程度上有利于组织目标的实现。现在不少学校厂校挂钩，建立社区教育委员会等，为学校发展创造了良好的外部条件。

2. 领导和群众的关系

领导与群众在改革中通常是一对矛盾体。对于改革，人们通常是欢迎的，总是希望把自己所在的学校及工作搞得好一些，同时也希望工作环境更舒适些，福利待遇等生活条件更好些。可是，一旦实施某种改革，有些人又会感到不习惯，会产生对改革的抵制。抵制改革的原因大致有心理方面的，如职业安定感、地位的稳定性等可能因改革发生变化。有经济方面的，如担心改革后被辞退、降薪，增加工作量而不增加个人收入等。也有社会方面的，如已形成的旧的传统陈腐观念，及群体形成的不良风气等等。

作为学校领导者，既要看到改革碰到阻力是不可避免的，勇于坚持改革方向，同时又要考虑群众的心理承受能力，积极做好工作，争取群众中大多数人的支持。

3. 经验和科学的关系

在学校管理改革中，既要重视经验，更要重视科学。教育改革的实践为学校管理改革提供了丰富的经验。经验是要借鉴的，可是经验的东西如果不提高到现代科学的高度加以检验而决定弃取，也可能成为学校管理者的负担。

三、管理改革的过程

1. 调查研究

从学校管理来看，改革的根据是：（1）决策之形成过于缓慢，信息沟通不良，工作效率极低；（2）学校中的主要机构，如教导处、总务处、教研组或年级组已无效率或者不能充分发挥其真正作用；（3）教师不能集中精力认真钻研教育与教学，整个学校已无积极向上的动力；（4）从群众到领导，从管理措施到教育、教学、方法都无创新活力。如有以上症结，则表示改革时机客观上成熟了。

2. 提出问题

这一阶段主要是创造变革的气氛，培养改革意识。要善于鼓励人们揭露矛盾，摆弊端，造成一种不满的气氛，使人对那些不合理的制度和措施，深感不改就寸步难行，让人们看到只有改革，才有希望。

这阶段亦可称之为酝酿发动阶段。

3. 制订方案

管理者要发动群众认真制订改革方案，充分研究实施计划。这个计划主要包括如下几方面：

（1）明确改革的目标、内容、方法和策略。

（2）找出症结，抓准问题，找好突破口。在制订方案时要发挥智囊团的作用，充分听取各方面意见，特别要听正、反两方面意见，因为反对意见也是一种论证，只有通过科学论证，才能制订较为完善的方案。

（3）充分论证有利条件和限制条件，特别要细心地分析和研究限制条件，然后决定改革的方案。

4."解冻""固结"

改变一种制度、方法、措施的稳定状态，这在管理学中称为"解冻"；维持一种制度、措施，使其具有稳定的阶段，这在管理学中称为"固结"。"解冻"和"固结"都是改革的需要。"解冻"即对旧的固结加以否定，消除各种支持这些制度、措施的各种行为因素，并采取必要措施，将对改革的妨害因素减至最少的程度。

与此同时，就是要将各种改革加以固定，形成新的稳定。

5. 评估反馈

也可以称为改革的检查阶段。这就是对改革后的行为和工作绩效加以衡量，看它们是否符合预期的目标与要求。进展与趋势、有无过重的后遗症等。在这一阶段，要掌握改革效应的规律，即从开始的负效应逐步转化为正效应的规律。改革的效应，一般划分为三段，第一段是立即生效反应，第二段为短期失效反应，第三段为稳定效果反应。如在较长时间内不发生积极效果，即认定失败。

第五节　学校管理的创新

我国的学校管理，过去对信息资源的认识不足，没有把信息资源的管理放在应有的位置，造成管理思想封闭、管理手段落后，学校教育无法适应国内外形势发展的要求等。因此，实行管理创新对于学校管理目标的实现具有非常重要的意义。

一、管理创新的基本原理

管理创新是创造一种更有效的整合组织资源的模式；同时，管理创新不仅是一种新的思路，更是一种已经实施，证明有效，且能在同类组织中推广的。

管理创新包括创设一种新的组织机构，提出一个新的管理方式方法，设计一种新的管理模式，建立一种新的管理制度等多方面的内容。

学校管理创新既有一般管理创新的共同性，又有其自身的特点。我们要在掌握管理创新共性的基础上，研究学校管理创新的特点，把管理创新的共性与学校管理创新的特点结合起来。

首先，学校管理是一种教育管理。它是在一个国家或地区的政治、经济、文化等因素约束下，遵循教育自身的规律，运用科学的理论和方法对学校的工作进行预测与规划、组织与指导、协调与控制，使学校的教育资源得到合理配置，以便更有效地实现教育目标的活动过程。因此，学校的管理创新受到了更多的社会条件的制约。它的创新必须符合国家和社会的要求，符合国家在一定时期内的教育方针政策和基本的教育法规的要求。这意味着学校管理创新的时空受到了一定的限制，从而要求学校管理创新更具有前瞻性、预见性，洞悉教育和学校管理的发展趋势。

其次，学校管理是以育人为中心的管理。它的管理目标、内容、手段、组织、制度以及具体措施和安排都是为了实现师生的自由的、充分的全面发展。人在学校管理诸因素中是唯一具有能动性的因素。据此，学校管理创新，不管是办学思路、组织机构、管理模式、管理制度、管理方式方法的创新，是否科学有效，主要看是否能促进资源的合理配置，是否有利于实现人的全面素质的发展和提高。

此外，学校管理创新成果要有教育科学理论为依据，能创造性地以科学理论为指导，反映先进的教育教学和管理理论水平。其创新水平或表现为发现创造，或整体改进，或部分改进，同时其运用效果表现为显著或比较显著，能在一定范围内推广应用。

二、管理创新的必要性

目前，全国的中小学都在积极实施素质教育和探索实施素质教育和管理改革问题。过去学校管理的许多措施已不适应素质教育的要求，学校必需建立一套适应素质教育的内部管理机制，改革传统落后的管理模式，从内部引导和规范教师的教育教学行为，实现由应试教育向素质教育的转变。

提高办学的质量和效益是学校管理的一项基本任务。这一任务的实现，要求学校管理进行多方面的改革和创新才有可能。管理创新的目标是提高学校有限资源的配置效率，使学校教育和管理获得更大的经济效益和社会效益。一所学校要持续发展，既要提高目前的效益，也要提高未来的效益，即提高学校长远发展的能力。

有学者提出，随着改革的深入，自主权的扩大，竞争的激烈，使中小学管理者再也不能只关注管理的战术问题了，而是要同时考虑战略问题。中小学的战略管理就是立足长远、放眼全局、以抉择和实施战略为手段来统揽管理工作的各个环节和各个方面的管理形态。

作为学校的领导管理者，应把战术管理与战略管理结合起来。战术管理的创新有利于提高近期的效益，战略管理的创新有利于提高未来的长远效益。两者都在增强学校的实力和竞争力，从而有利于学校的持续发展。

三、管理创新对管理者的要求

1. 校长要成为学校管理创新的主体

学校管理创新的关键是学校的校长要有强烈的创新意识，有办好学校的使命感和奋发进取的价值取向。如果校长没有迫切希望改变现有学校面貌，促使学校以及自己管理领域取得更大业绩的使命感，他就不可能有创新意识。只有那些具有追求事业成功和永不满足的价值观的人，才会去攀登管理（事业）的高峰。

校长要成为管理创新的主体，就必须不断地掌握当代最新的管理理论知识，最新的科技动态，最新的文化发展趋势，并能将这些在自己的脑海中加以融会贯通，这是产生对某一问题有超常人看法或认识的基础。只有掌握了这些，管理者才能用新的科学技术、新的学科知识来研究分析现实的管理问题，从而可以得到不同于以往的看法、启示，这就是一种创新的灵感。

2. 从实际出发，力求实事求是

学校管理要力求创新是非常不易和困难的，这里既有许多外部的客观条件和人为的制约，也有学校内部的主观因素的影响。所以学校管理改革创新既要解放思想，又要十分谨慎，要从实际出发，从本校的实际情况出发，每一项创新都必须有明确的实效而并非为了标新立异。

学校管理者要对固定不变的模式和规格表示怀疑，要对那些过时的传统、顽固落后的东西进行大胆的革新，同时也要有科学的态度，能够谨慎地、迅速地制止那些脱离实际的，未经实践证明是否可行的生硬模式的采用。对一些被实践证明有效，带有规律性的经验和传统是需要保留的。在发扬传统的基础上把事情办得更好，把教育和管理推向新的台阶，也就是一种创新。

四、管理创新的基本内容

1. 办学思路创新

现代学校要能在市场经济竞争条件下得到更好的生存和发展，要使学校教育适应社会经济发展的要求，要把学校办成现代化的学校，首先要在办学思路上要有创意，即有新的思路和方案，并付诸实施，从而形成创新。这方面主要包括新的办学方针和办学策略，学校资源运作的新思路，学校发展的新方式等等。近年来许多成功的、有特色的学校都是因为在办学方针、经营策略、资源的筹集与配置、发展方式上有新的思路和做法。今后，在办学自主权不断扩大的同时，新的办学思路将层出不穷。

2. 管理方式创新

目前，学校管理的方式方法的探索和创新包括：新的领导管理方式，对师生员工管理方式方法的改进与发展，对德育、教学后勤等各部门管理方法的改进与创新，新的管理手段如信息技术在学校的应用，管理硬件的发展与创新等。

3. 管理模式创新

管理模式一般是指作为一种综合性和全面的管理模式。它是一种具有一定内容和特点的管理模式。管理模式与组织的特点有密切的关系，能结合组织特点创造出新的管理模式并获得成功，这就是管理模式的创新。学校教育管理在漫长的历史发展过程中形成了三种基本模式，即经验管理模式方面，行政管理模式和科学管理模式。

其实，学校管理模式的创新既可以是全面性的，也可以在学校某一具体管理领域中作出。如教学管理模式方面，德育管理模式、人事管理模式、后勤管理模式方面，甚至包括班级管理模式等方面的创新。

4. 组织机构创新

学校的组织机构基本上规定了学校组织的各个方面，它形成了学校的管理系统。组织机构科学合理，学校运转就能见到成效，各方面的积极性就能调动起来。

我国学校的组织机构改革还有许多可以改革创新的空间，如学校组织机构的设置，部门机构的职责、权限、集权与分权的新方式，组织内信息流程及网络的构建，组织机构中人际关系的安排与协调，部门岗位设置和个人才能的发挥等等。